Die Mischna

Text, Übersetzung und ausführliche Erklärung

herausgegeben von den Univ.-Professoren

D. Dr. **G. Beer**-Heidelberg und D. **O. Holtzmann**-Gießen

Alle Traktate der Mischna werden in demselben Format und in der Satzeinrichtung, wie der hier vorliegende Traktat, erscheinen.

Jeder Traktat erscheint für sich, sobald sein Bearbeiter das Ms. abgeschlossen hat; irgendwelche Reihenfolge kann also bei der Veröffentlichung der 63 Traktate nicht eingehalten werden.

Herausgeber und Verleger hoffen, die ganze Mischna im Verlaufe von 4—5 Jahren vorlegen zu können, da fast schon alle Traktate ihre Bearbeiter gefunden haben.

Alle zu demselben Seder gehörigen Traktate werden später auch zusammen in Buchform erhältlich sein, so daß die Mischna nach ihrem Abschluß in etwa 6 handlichen Bänden oder Doppelbänden zu haben sein soll.

Es kann entweder auf alle Traktate abonniert oder jeder Traktat einzeln erworben werden.

Der Verleger lädt zur **Subskription** auf diese Mischna-Ausgabe ein, indem er den Subskribenten einen bedeutend günstigeren Bezugspreis anbietet: der Druckbogen wird in der Subskription mit etwa 60 bis 70 Pfg., beim Einzelkauf mit etwa 70 bis 80 Pfg. berechnet werden.

Bei dem großen Umfang der Mischna wird der spätere Gesamtpreis für das vollständige Werk natürlich verhältnismäßig hoch sein. Dadurch aber, daß sich die Gesamtausgabe auf den Zeitraum von 4—5 Jahren erstreckt, hält sich der jährliche Aufwand für die Subskribenten in mäßigen Grenzen und steht jedenfalls in durchaus angemessenem Verhältnis zu der großen Wichtigkeit und dem hohen Wert des Gebotenen.

Bis jetzt sind folgende Traktate erschienen:

I. Seder: Zeraim, 1. Traktat: **Berakot** (Gebete), bearb. von Prof. D. Oscar Holtzmann-Gießen. (VIII u. 106 S.) M. 5.—, in der Subskr. M. 4.40

I. Seder: Zeraim, 2. Traktat: **Pea** (Vom Ackerwinkel), bearbeitet von Prof. Lic. Walter Bauer-Breslau. (V u. 74 S.) M. 4.—, in der Subskr. M. 3.50

I. Seder: Zeraim, 4. Traktat: **Kil'ajim** (Verbotene Mischgattungen), bearbeitet von Professor Dr. Karl Albrecht-Oldenburg. (VI und 87 Seiten.) M. 4.80
In der Subskription M. 4.20

I. Seder: Zeraim, 9. Traktat: **Challa** (Teighebe), bearb. von Prof. Dr. Karl Albrecht-Oldenburg. (IV u. 48 S.) M. 2.40, in der Subskr. M. 2.10

II. Seder: Moëd, 3. Traktat: **Pesachim** (Passahfest), bearb. von Prof. D. Dr. Georg Beer-Heidelberg. (XXIV u. 212 S.) M. 10.—, in der Subskr. M. 9.—

Fortsetzung auf der 3. Seite

Die Mischna

Text, Übersetzung und ausführliche Erklärung

Mit eingehenden geschichtlichen und sprachlichen Einleitungen und textkritischen Anhängen

unter Mitwirkung von

Prof. Dr. **Albrecht**-Oldenburg / Prof. Lic. **Bauer**-Breslau / Prof. Lic. Dr. **Benzinger**-Toronto
Oberlehrer Lic. **Fiebig**-Gotha / Pfarrer Lic. Dr. **Frankenberg**-Kassel / Prof. Lic. Dr. **Frhr. v. Gall**-Gießen / Prof. Dr. **Ludw. Köhler**-Zürich / Pfarrer Lic. Dr. **Kramer**-Gerichshain / Prof. D. **Marti**-Bern / Prof. D. **Meinhold**-Bonn / Prof. D. Dr. **Nowack**-Straßburg
Prof. D. Dr. **Rothstein**-Münster i. W. / Past. **Windfuhr**-Hamburg

herausgegeben von

Prof. D. Dr. **G. Beer**-Heidelberg und Prof. D. **O. Holtzmann**-Gießen

I. Seder. Zeraim. 2. Traktat. Pea.

Pea

(Vom Ackerwinkel)

Text, Übersetzung und Erklärung

Nebst einem textkritischen Anhang

Von

Lic. **Walter Bauer**

a. o. Prof. d. Theologie an der Univ. Breslau

1914

Verlag von Alfred Töpelmann (vormals J. Ricker) in Gießen

Druck von C. G. Röder G. m. b. H., Leipzig. 847214.

Inhalt.

Vorwort.

Bei der Übersetzung und Auslegung des Mischnatraktates Pea habe ich die literarischen Hilfsmittel, soweit es mir möglich war, herangezogen. Die, welche mich gefördert haben, sind im Text erwähnt worden. Daß ich außer den hierher gehörigen Schriften des Maimonides und des ʿObadja di Bertinoro auch die modernen Erklärungen von Sammter (Mischnaioth I 1887) und Goldschmidt (Der babylonische Talmud I² 1906) fortgesetzt verglichen habe, versteht sich von selbst. Nur ein Werk, dem ich manches verdanke, hatte ich zu nennen keine Gelegenheit. Sein Titel möge deshalb hier stehen: J. J. Rabe, Der talmudische Tractat Peah von dem Ackerwinkel aus der Hierosolymitanischen Gemara übersetzt und mit Anmerkungen erläutert, nebst einer Abhandlung von der Versorgung der Armen bey den Juden 1781.

Breslau, Juni 1914.

Walter Bauer.

Einleitung.

Mit Pea, dem zweiten Traktate des ersten Seder, beginnt sachlich dieser Seder, der von זְרָעִים, den Saaten, überhaupt dem Landbau und den Feldfrüchten, handelt. Den Namen führt unser Traktat von פֵּאָה, der Ecke, d. h. der Ackerecke, die nach den gesetzlichen Bestimmungen nicht vom Besitzer abgeerntet werden darf (Lev 19_9 23_{22}). Was in urgrauer Zeit die Bedeutung dieser Maßnahme gewesen sein mag, berührt uns hier nicht (vgl. G. Beer, ZATW XXXI S. 152f.). Schon das Alte Testament sieht ihren Zweck durchaus nur in der Erleichterung des Loses der Armen. Und auf demselben Boden steht der Traktat Pea mit seiner ganzen Zeit; vgl. Philo, De humanitate § 90 Mangey II S. 390 und Josephus, Antiq. IV 8_{21}.

In unserem Traktate bildet die Anweisung bezüglich der Pea freilich nur den Ausgangspunkt. Daran schließen sich Erörterungen über andere gesetzliche Vorschriften, die das gleiche Ziel haben wie jene. Dem Inhalte würde es daher besser entsprechen, wenn der Titel lautete: Armenrecht.

Über jüdische Armenpflege in dem Zeitraum, der uns hier interessiert, hat zuletzt im Zusammenhang und ausführlicher gehandelt A. van Iterson, Armenzorg bij de Joden in Palestina von 100 v. Chr.—200 n. Chr. 1911.

Die literarische Komposition.

Wer über die literarische Komposition eines Mischnatraktates spricht, muß es mit aller nur möglichen Vorsicht tun und so, daß das Hypothetische seiner Ausführungen stark hervortritt. Denn die Schwierigkeiten, die der Gegenstand an sich birgt und die Unsicherheit aller zu gewinnenden Erkenntnis steigern sich für ihn dadurch sehr erheblich, daß er es, statt das Ganze zu überschauen, nur mit einem sehr kleinen Bruchteil zu tun hat. Unter diesem Vorbehalt will alles Folgende gesagt sein. Unnötig ist es wohl, besonders zu betonen, daß ich, wenn ich von „Abschweifungen“ rede, damit nicht „späteren Einschub“ meine, oder etwas über die Entstehungszeit ausgesagt haben will. Es soll damit zunächst nur zum Ausdruck gebracht werden, daß sich das so bezeichnete Stück nicht in den Gedankengang, wie er sich mir darstellt, einfügt. Derartige Unebenheiten sind für die Mischna charakteristisch und erklären sich aus der Art ihrer Entstehung.

Der Traktat handelt in einem ersten Teil (I 1—IV 9) von der Pea. Die Einleitung ist I 1 b haggadisch erweitert, eine Entwicklung, die in der Folgezeit ihre Fortsetzung erfahren hat. I 2 a und b sind ursprünglich wohl nicht auf einander angelegt gewesen, sondern stellen zwei verschiedene Versuche dar, das Maß der Pea festzusetzen (s. die Erklärung). Nachdem I 3 erörtert hat, ob man die Pea unbedingt vom Ende des Feldes entnehmen müsse, setzt I 4. 5 auseinander, was man unter peapflichtigen Gewächsen zu verstehen habe. I 6 a beantwortet die Frage, wie lange es erlaubt sei, Getreide als Pea zu geben und demgemäß die Zehntfreiheit zu genießen. Die Abschweifung I 6 b. c ist mit dem Vorhergehenden verbunden durch den Begriff: Zehntfreiheit bis zur Glättung des Getreides.

II 1—III 5 gehört zusammen. Auf Grund der Voraussetzung, daß man die Pea nicht vom Gesamtbesitz entrichtet, sondern von jeder seiner Einheiten besonders, ist festzustellen, wie derartige Einheiten zustandekommen. Während sich III 1 an II 6 — oder unter Beiseitelassung der Erzählung an II 5 — anschließt, gibt sich II 7 als eine Abschweifung. Sie drängt sich auf Grund des Begriffs „mehrere“ in den Zusammenhang ein. Aber von Einheitlichkeit oder Mehrheitlichkeit des Feldes geht die Rede über auf Einheitlichkeit und Mehrheitlichkeit des Erntenden.

Auch III 4 a ist als eine Abschweifung zu betrachten, herbeigeführt durch das im folgenden verwendete Stichwort: Zwiebel.

III 6. 7 beschäftigt sich mit der Größe des Grundstücks, welche die Peapflicht bedingt. Die III 7 mitgeteilte Meinung Aqibhas, daß jedes Grundstück groß genug sei, Pea abzugeben, läuft in abschweifende Erörterungen darüber aus, wozu sonst noch alle Grundstücke geeignet sind (III 7), sowie in eine Erwägung gewisser Fälle, die beim Verschreiben von Gütern eintreten können (III 8. 9).

IV 1—5 handelt von der Art und Weise, wie Pea zu geben und zu nehmen ist. 5 c würde vielleicht besser in dem Abschnitt II 1—III 5 stehen. IV 6. 7 stellt fest, wer zu den Armenabgaben verpflichtet ist und wer nicht. Das führt zu einer Abschweifung IV 8a. b, die an Stelle der Verpflichtung zu den Armenabgaben die Zehntpflicht treten läßt. IV 9a und b bringt noch zwei Bestimmungen nach, die den Abschnitt über die Pea abschließen. 9b, wo neben der Pea auch das Vergessene und die Nachlese genannt sind, leitet zum nächsten Abschnitt über, der die Nachlese zum Gegenstand hat, IV 10—V 6.

IV 10 definiert zunächst, was Nachlese ist. Die Erörterung der Frage, wie es mit der Nachlese in Ameisenlöchern bestellt sei (IV 11), führt mit dem, den Armen besonders günstigen, Ausspruch Meirs IV 11b zu dem Abschnitt V 1—6 hinüber, dessen Ausführungen die Sicherung der Armen vor Schädigung bei der Nachlese bezwecken. Die Abschweifung V 2a erklärt sich wohl aus dem Folgenden, wo auch von der einzelnen Ähre die Rede ist. Die Abschweifung V 4—6a setzt an Stelle der Nachlese die Abgaben überhaupt. Sie gewinnt ihr Recht im Zusammenhang durch den Begriff „Armer", der auch in ihr vorherrschend ist.

Auf die Nachlese folgt im dritten Teil das Vergessene (V 7—VII 2). Dieser Abschnitt wird ganz ausgefüllt durch Auseinandersetzungen über die Frage, welche Voraussetzungen erfüllt werden müssen, damit es Vergessenes gibt. Die Abschweifung VI 1a „vom Freigut" ist wohl durch die Fortsetzung VI 1b. 2 herbeigeführt, die gleichfalls Kontroversen der Schulen Schammais und Hillels bringt. VI 3a erscheint als ein von VI 4 abgesprengtes Stück.

Der vierte Teil VII 3—8 handelt von der Armenabgabe im Weinberg, zunächst 3 vom Abfall, dann 4 über die Frage, ob man beim Lichten des Weinbergs auch das den Armen Zustehende lichten dürfe, ferner 5, 6 von der Nachlesetraube, weiterhin 7 vom vierjährigen Weinberg, sowie 8a. b von dem Weinberg, der dem Heiligtum geweiht ist, endlich 8c über das Vergessene im Weinberg.

VIII schließt den Traktat ab mit einigen allgemeinen Erörterungen über die Armenabgaben. Bei der Behandlung der Frage, wer zur Entgegennahme von Unterstützung berechtigt sei (VIII 7b—9a), führt die Erwähnung der Armensteuer eine Abschweifung über deren Verwaltung herbei.

VIII 9b—d ist der bei den einzelnen Texteszeugen mehr oder weniger erweiterte Schluß.

Ist es möglich, tiefer in die literarische Komposition des Traktates einzudringen? Wir wissen, daß die Mischna eine Entstehungsgeschichte hat. Aus kleineren Anfängen ist sie allmählich erwachsen. Und eine glaubwürdige Überlieferung macht die Rabbinen namhaft, deren Wirken hierbei von besonderer Wichtigkeit gewesen ist. Ohne dadurch ausschließen zu wollen, daß die Mischna auch noch in späterer Zeit Veränderungen, besonders Zusätze, erfahren hat, darf man sagen, daß sie so, wie sie sich uns darbietet als eine Sammlung verschiedener Ansichten einzelner bedeutender Lehrer, im wesentlichen auf R. Jehuda, „den Fürsten" oder schlechtweg „Rabbi" († um 200) zurückgeht.

Aber Rabbi war nicht der Erste, der in dieser Richtung schöpferisch wirkte. Er hat vielmehr die Mischna R. Meirs (er blühte um 130—160) zur Grundlage genommen. Und diese wiederum fußt auf einer Sammlung, die bereits Aqibha († 135) angelegt hatte. Vgl. H. L. Strack, Einleitung in den Talmud[4] 1908, S. 17—22.

In dem Traktate Pea, so wie wir ihn heute besitzen, im großen und ganzen die Arbeit Rabbis zu sehen, dazu berechtigt uns wohl die Beobachtung, daß die angeführten Autoritäten ausnahmslos älter sind als seine Zeit. Es werden die folgenden Gelehrten, von denen keiner erst der vierten Generation, der Rabbi angehört, zuzuweisen ist, zitiert[1]):

Zunächst Hillel und Schammai mit ihren Schulen III 1 VI 1 a. b. 2. 5. VII 7 a. b. Der ersten Generation würde Rabban Gamliel zuzuzählen sein, wenn feststände, daß es sich II 4 b IV 5 b VI 6 b um den „Alten" handelt. Aber so wird er nirgends bezeichnet. Freilich auch nicht als der „von Jabne", wie der, der Generation II a angehörige, jüngere Rabban Gamliel zur Unterscheidung von seinem gleichnamigen Großvater oftmals heißt. Und aus dem Inhalt der Aussprüche sind Zeitindizien nicht zu gewinnen. Möglich ist, daß die Zusammenstellung Gamliels mit Elazar b. Ṣadduq II 4 b beide als Zeitgenossen erweisen soll (wie es Eliezer und Jehoschua, auch Ṭarphon und Jehuda b. Bethera III 6, ferner Jischmael und Aqibha IV 10 d, Jehuda und Meir VII 4 sind). Dann würde Gamliel der spätere, Elazar b. Ṣadduq der frühere Tanna dieses Namens sein. Entsprechendes dürfte man vielleicht IV 5 b aus dem Nebeneinander von Gamliel und Aqibha schließen. — Ob der V 1 c genannte Rabban Schimon b. Gamliel der ersten Generation zugerechnet

---

[1]) Ich folge in der Anordnung Strack, a. a. O. S. 84—95: I. Generation — um 90 n. Chr. G., II. Generation um 90—130; sie zerfällt in eine ältere (a) und eine jüngere (b) Gruppe, III. Generation um 130—160. Dann folgen die Zeitgenossen Rabbis.

werden darf, ist gleichfalls fraglich, da sowohl der ältere als der jüngere Gamliel einen Sohn Schimon besitzt. Ist der Sohn Gamliels II gemeint, so kommen wir in die III. Generation.

Wenn die oben angestellte Erwägung sich als nicht stichhaltig erweisen sollte, so würde die Unsicherheit auch bei dem ersten der unter Generation IIa zu nennenden Gelehrten Platz greifen. Es gibt zwei Elaẓar b. Ṣadduq, Großvater und Enkel, der eine zu Generation IIa, der andere zu Generation III zählend (II 4b). Mit Bestimmtheit sind zur älteren Gruppe der II. Generation zu rechnen R. Eliezer (= R. Eliezer b. Hyrkanos) III 6 IV 9a V 2b 4 VII 6 und R. Jehoschua (= R. J. b. Chananja) III 6.

Der jüngeren Gruppe der zweiten Generation (II b) gehören an: R. Aqibha I 6b III 2a. b. 7 IV 5b 10d VII 6 VIII 5a, R. Jischmael (= R. J. b. Elisa) IV 10d, R. Jehuda b. Bethera III 6 und R. Ṭarphon III 6.

Endlich die Gelehrten der dritten Generation: R. Jose (R. J. b. Chalaphtha) III 4a. b 8b VI 9b VII 1d 8b, R. Jehuda (= R. J. b. Elai) I 3b II 2a III 5b IV 6b V 5d VI 10b VII 4. 5c VIII 1d, R. Meir II 1b V 3 VII 2e 4 VIII 5a, Abba Schaul VIII 5b und R. Schimon (= R. Sch. b. Jochai) I 3b III 9 IV 1b.

Ein Altersgenosse Rabbis oder gar ein Gelehrter aus noch späterer Zeit wird also nicht namhaft gemacht. Und wenn Talm b B bat f. 150a Pea III 9 in Verbindung mit Rabina (vgl. Strack[4] S. 111) bringt, so ist das wohl so aufzufassen, daß Rabina sich übernommene Weisheit aneignet. So darf man mit einem gewissen Recht das Ganze des Traktates Pea in der Zeit Rabbis, d. h. in den letzten Jahrzehnten des 2. Jahrhunderts als vorhanden betrachten.

Aber läßt sich die Entstehungsgeschichte weiter zurückverfolgen? Wir wissen, daß die Mischna Meirs anonyme Mischna gewesen ist (vgl. Beer, Pesachim S. XII). Aber diese anonyme Mischna kann schon um deswillen nicht unverletzt in unserem Traktat Pea enthalten sein, weil in ihm mehrfach Meir selbst genannt wird (II 1b V 3 VII 2e 4 VIII 5a). Und wie sah die Meir-Mischna eigentlich des Näheren aus? Daß sie keine ganz originale Arbeit dieses Gelehrten war, sondern ältere Stücke enthielt, steht fest. Hat Meir doch das Werk Aqibhas verwertet. Aber hat Meir von überliefertem Weisheitsgut nur das aufgenommen, was er sich anzueignen vermochte? Oder fanden sich in seiner Mischna auch Sätze, die der Meister dann bekämpfte und ablehnte? Unmöglich ist das gewiß nicht. Wer es für unwahrscheinlich hält, wird allerdings ernstlich daran zweifeln, ob die anonymen Bestandteile IV 11a u. VII 2d oder das VIII 5a von ungenannter Seite festgesetzte Maß, das R. Meir einschränkt, seiner Mischna angehört haben. Andere anonyme Elemente unseres Traktates haben dort nachweislich keinen Platz eingenommen. Die Definition der Nachlese IV 10 wird Talm b Chul f. 137a auf R. Jose zurückgeführt. Und nach Tos III 10 Friedländer hat sich R. Meir zwar entsprechend Mischna Pea VI 8 zu der Frage geäußert, wann stehendes Getreide die Garbe rette. Aber nach Tos hat er ganz andere Dinge vorgebracht, als sie die anonyme Mischna VI 8 enthält.

Gelegentlich kann es zweifelhaft sein, ob ein anonymer Satz die Meinung Meirs genau wiedergibt. IV 1a soll der Besitzer bei der Dattelpalme die Früchte selbst abnehmen und den Armen geben. Nach Talm j f. 18a dagegen hat Meir die Anordnung getroffen, daß der Besitzer bei allen Bäumen so verfahren müsse.

Endlich ist in unserer Mischna offenbar auch nicht alles bewahrt, was Meir zur Sache gesagt hat. Nach Siphre S. 124 Friedmann hat Meir zu dem „auf deinem Felde" Dtn 24 19 die Bemerkung gemacht: „also nicht, wenn man auf dem Felde seines Gefährten Garben bindet". Davon sagt die Mischna nichts. Tos IV 13 bezeugt, daß Meir dem Armen, der nicht aus anderer Leute Tasche leben will, Worte gewidmet hat. Die Mischna schweigt auch hier.

Andererseits gibt es jedoch eine Anzahl Stellen, an denen der anonyme Stoff mit Sicherheit oder Wahrscheinlichkeit auf Meir zurückgeführt werden kann. Die Bestimmung bezüglich des Schwerkranken III 8a rührt nach B bat IX 6 von ihm her. IV 3 wird ihm von Tos II 1 und Talm j f. 18a zugesprochen. Am Schluß von VII 5a wird ein Grundsatz Meirs gehandhabt (IV 11b).

Bleibt also ohne Zweifel eine gewisse Unsicherheit zurück, wenn man nach den Bestandteilen der Meir-Mischna im Traktate Pea forscht, so vermehrt sich dieselbe naturgemäß erheblich, wenn man das Werk Meirs nun weiter daraufhin ansieht, was in ihm aus der Mischna Aqibhas übernommen ist. Betrachten wir einmal mit allem Vorbehalt die anonymen Elemente[1]) nach Abzug dessen, was sicher oder wahrscheinlich Meir nicht

[1]) Die anonymen Bestandteile des Traktates Pea sind die folgenden: I 1a. b 2a. b 3a 4. 5. 6a. c. II 1a 2b 3a. b 4a 5a. b. c 7a. b. c. d. III 3a. b. c 4c. d 5a. IV 1a. c 2. 3. 4. 5a. c 6a 7. 8a. b 10a. b. c 11a. V 1a. b 2a. b 5a. b. c 6a. b. c 7.

gehört, als Arbeit dieses Gelehrten. Ohne den festen Boden völlig zu verlieren, und ganz auf das unsichere Terrain der Vermutung zu geraten, wird man nur an wenigen Punkten weiter zurückgelangen können, und auch da läßt sich in der Regel ein wirklicher Beweis dafür nicht erbringen, daß Meir das ältere Gut aus Aqibhas Mischna geschöpft hat.

Zunächst steht fest, daß auch dieses Werk in unserem Traktat nicht mehr in seiner ursprünglichen Gestalt vorliegen kann. Denn — wie es bei Meir war — so wird auch Aqibha in der Mischna Pea mehrfach als Autorität zitiert (I 6b III 2a. b 7 IV 5b 10d VII 6 VIII 5a). Aber daneben gibt es ein paar anonyme Stücke, die man mit einigem Recht Aqibha zuweisen kann, oder von denen wenigstens feststeht, daß sie nicht jünger sind als dieser Gelehrte. Es darf daher wohl das Nächstliegende heißen, daß sie über Aqibha zu Meir gelangt sind, nicht aber Zutaten darstellen, die dieser der Mischna seines Vorgängers beigefügt hat. II 4a ist nach II 4b mindestens so alt wie R. Gamliel. Auch IV 5a wird von diesem Tanna — der, mag es nun der ältere sein oder der jüngere, jedenfalls älter als Aqibha ist — bereits berücksichtigt. IV 10a. b. c muß nach d zu den Voraussetzungen der Erörterung Aqibhas gehört haben. V 2b muß vorhanden gewesen sein, bevor R. Eliezer die Erwägung V 2c anstellen konnte. V 2a stammt nach Edu II 4 Siphre S. 124b Friedmann von Aqibhas Zeitgenossen R. Jischmael. Die von Aqibha richtiggestellten Maßbestimmungen VIII 5a müssen gleichfalls älter sein als er.

Weiter wage ich in Komposition und Entstehungsgeschichte des Traktates Pea nicht einzudringen. Sicher ist jedoch das eine, daß die Anordnung des Stoffes (Pea, Nachlese, Vergessenes, Ölbaum, Weinberg) durch die Schriftstellen bedingt ist, an welche die Erörterungen anknüpfen: Lev 19 9. 10 23 22 Dtn 24 19—21.

Lev 19 9. 10. וּבְקֻצְרְכֶם אֶת־קְצִיר אַרְצְכֶם
לֹא תְכַלֶּה פְּאַת שָׂדְךָ לִקְצֹר ‖ וְלֶקֶט קְצִירְךָ
לֹא תְלַקֵּט׃ וְכַרְמְךָ לֹא תְעוֹלֵל וּפֶרֶט כַּרְמְךָ

Und wenn ihr die Ernte eures Landes aberntet, so sollst du das Endstück deines Ackers nicht völlig abernten; ‖ und eine Nachlese von deiner Ernte sollst du nicht halten. Auch deinen Weinberg sollst du nicht nachlesen, und

8a. b. c. VI 3a. b 4a. b 6a 7. 8a. b 9a 10a 11a. b. c. VII 1a. b. c 2a. b. c. d 3a. b. c 5a. b 8a. c. VIII 1a. b. c 2. 3a. b. c. d 4. 6a. b 7a. b. c 8. 9a. b. c. d.

לֹא תְלַקֵּט ‖ לֶעָנִי וְלַגֵּר תַּעֲזֹב אֹתָם אֲנִי יְהוָה אֱלֹהֵיכֶם׃

abgefallene Beeren deines Weinbergs sollst du nicht auflesen; ‖ dem Armen und Fremdling sollst du sie überlassen, ich bin Jahwe, euer Gott.

Lev 23 22. וּבְקֻצְרְכֶם אֶת־קְצִיר אַרְצְכֶם לֹא תְכַלֶּה פְּאַת שָׂדְךָ בְּקֻצְרֶךָ ‖ וְלֶקֶט קְצִירְךָ לֹא תְלַקֵּט ‖ לֶעָנִי וְלַגֵּר תַּעֲזֹב אֹתָם אֲנִי יְהוָה אֱלֹהֵיכֶם׃

Und wenn ihr die Ernte eures Landes aberntet, so sollst du das Endstück deines Ackers nicht völlig abernten; ‖ und eine Nachlese von deiner Ernte sollst du nicht halten; ‖ dem Armen und Fremdling sollst du sie überlassen, ich bin Jahwe, euer Gott.

Dtn 24 19—21. כִּי תִקְצֹר קְצִירְךָ בְשָׂדֶךָ וְשָׁכַחְתָּ עֹמֶר בַּשָּׂדֶה לֹא תָשׁוּב לְקַחְתּוֹ ‖ לַגֵּר לַיָּתוֹם וְלָאַלְמָנָה יִהְיֶה ‖ לְמַעַן יְבָרֶכְךָ יְהוָה אֱלֹהֶיךָ בְּכֹל מַעֲשֵׂה יָדֶיךָ׃

Wenn du auf deinem Feld deine Ernte hältst und vergißt eine Garbe auf dem Felde, so kehre nicht um, sie zu holen; ‖ dem Fremdling, der Waise und der Witwe soll sie gehören, ‖ damit dich segne Jahwe, dein Gott, bei allem Werk deiner Hände.

כִּי תַחְבֹּט זֵיתְךָ לֹא תְפָאֵר אַחֲרֶיךָ ‖ לַגֵּר לַיָּתוֹם וְלָאַלְמָנָה יִהְיֶה׃ כִּי תִבְצֹר כַּרְמְךָ לֹא תְעוֹלֵל אַחֲרֶיךָ ‖ לַגֵּר לַיָּתוֹם וְלָאַלְמָנָה יִהְיֶה׃

Wenn du deine Ölbäume abklopfst, sollst du die Zweige hinter dir nicht nochmals absuchen; ‖ dem Fremdling, der Waise und der Witwe soll es gehören. . Wenn du in deinem Weinberg Lese hältst, halte keine Nachlese; ‖ dem Fremdling, der Waise und der Witwe soll sie gehören.

Text, Übersetzung und Erklärung.

מַסֶּכֶת פֵּאָה.

פֶּרֶק א.

אֵלּוּ דְבָרִים שֶׁאֵין לָהֶן שִׁעוּר ‖ הַפֵּאָה וְהַבִּכּוּרִין וְהָרֵאָיוֹן וּגְמִילוּת חֲסָדִים וְתַלְמוּד תּוֹרָה.

אֵלּוּ דְבָרִין שֶׁאָדָם אוֹכֵל מִפֵּירוֹתֵיהֶן בָּעוֹלָם הַזֶּה ‖ וְהַקֶּרֶן מִתְקַיֶּמֶת לוֹ בָעוֹלָם הַבָּא ‖ כִּבּוּד אָב וָאֵם וּגְמִילוּת חֲסָדִים וַהֲבָאַת שָׁלוֹם בֵּין אָדָם לַחֲבֵרוֹ. וְתַלְמוּד תּוֹרָה כְנֶגֶד כֻּלָּם:

אֵין פּוֹחֲתִין לַפֵּאָה מִשִּׁשִּׁים.
אַף עַל פִּי שֶׁאָמְרוּ אֵין לַפֵּאָה שִׁעוּר ‖ הַכֹּל לְפִי גוֹדֶל הַשָּׂדֶה וּלְפִי רוֹב הָעֲנִיִּים וּלְפִי הָעֲנָוָה:

I 1a. Die hier aufgezählten Dinge haben in der Tora (Tos I 1 Talm b Chul f. 137 b) kein bestimmtes Maß. Natürlich gibt es noch andere, von denen das gleiche gilt. Aber die jerusalemische Gemara konstatiert mit Recht, daß es sich in unserem Zusammenhang nur um menschliche Leistungen handeln kann. Daß die Erstlinge kein festes Maß haben, ist auch Bik II 3. 5 ausgesprochen. רֵאָיוֹן ist das Erscheinen im Tempel an den großen Festen (Ex 23 17 Chag I 1). Da hierzu jedoch Opfer erforderlich sind (Dtn 16 16), bedeutet das Wort auch das Darbringen der Opfer; und die Rabbinen streiten sich, was gemeint ist. Die „Liebeserweise" wurden später aus der Erwägung heraus, daß niemand sich zugunsten des andern völlig zu entblößen brauche, genauer umschrieben. Nur die Wohltaten, die eine persönliche Betätigung erfordern, haben kein Maß noch Grenze. Vom Vermögen soll man nicht mehr als den fünften Teil als Almosen geben (Beschluß der Synode von Uscha im 2. Jahrhundert: Talm j zu Pea I 1, Talm b Ket f. 50 a).

I 1b. Die Dinge, von deren Zinsen der Mensch in dieser Welt zehrt, während ihm das Kapital in der künftigen Welt stehen bleibt, kommen im Talmud öfters vor, wenn auch teilweise andere Tugenden genannt werden: bab Qid f. 39 b 40 a Schab 127 a. Schon Tos Pea I 2. 3 stellt gegensätzlich eine Liste von Schandtaten auf, die ein Kapital ausmachen, das in jener Welt als Schuldsumme stehen bleibt, während schon in dieser von den Übeltätern die fälligen Zinsen eingezogen werden. Zur Vorstellung vom Schatz im Jenseits vgl. Marc 10 21 (= Mat 19 21 Luc 18 22) Mat 6 19. 20 (= Luc 12 33), zur hohen Wertung des Friedenstiftens vgl.

A. Die Pea. Kap. I 1—IV 9.

Das Maß der Pea. I 1—2.

I 1a Das sind die Dinge, für die es kein Maß gibt: ‖ die Pea, die Erstlinge, das Erscheinen [im Tempel], die Liebeserweise und das Studium der Tora.

1b Das sind die Dinge, von deren Zinsen der Mensch in dieser Welt zehrt, ‖ während ihm das Kapital in der kommenden Welt stehen bleibt: ‖ die Ehrerbietung gegen Vater und Mutter, die Liebeserweise, das Friedenstiften zwischen den Menschen. Das Studium der Tora aber übertrifft sie alle.

2a Man vermindert die Pea nicht unter ein Sechzigstel.

2b Obgleich gesagt worden ist, es gäbe für die Pea kein Maß, ‖ [verfahre man doch] durchaus nach Maßstab der Größe des Feldes, nach Maßstab der Menge der Armen und nach Maßstab der Körner.

Mat 5 9. כְּנֶגֶד כֻּלָּם = ist vor ihnen allen, d. h. übertrifft sie alle; vgl. Albrecht, Neuhebräische Grammatik auf Grund der Mišna (= Clavis linguarum semiticarum ed. H. L. Strack V) 1913 S. 23.

I 2a. Ein Sechzigstel ist das Minimum, unter das nicht heruntergegangen werden darf (Tos Pea I 1). Wohl aber ist es erlaubt, ja unter Umständen geboten, das Mindestmaß zu überschreiten. Das muß der Sinn von I 2b, wie es im Text auf I 2a folgt, sein. Die jerusalemische Gemara zu I 2 bringt das richtig gegenüber R. Schimon, dessen Auslegung den Besitzern günstiger war, zur Geltung. Aber man darf wohl fragen, ob der Zusammenhang von Anfang an bestanden hat. Nachdem für die Größe der Pea eine unterste Grenze festgesetzt worden war, ist man nicht auf die, I 1a wieder aufnehmende, Mitteilung gefaßt, daß es für die Pea keinerlei Maß gäbe. Auch läßt sich die Anweisung, nach Maßgabe der Größe des Feldes, der Zahl der Armen und des Körnerertrages zu verfahren, doch nur mit einiger Mühe mit der anderen vereinigen, man müsse unter allen Umständen ein Sechzigstel hergeben. Vielleicht darf man schließen, daß in I 2b eine ältere Bestimmung vorliegt als in I 2a. Das AT gibt überhaupt kein Maß an. Später stellte man allgemeine Gesichtspunkte auf, nach denen die Pea zu bemessen wäre; endlich traf man die genauere Verfügung: nicht weniger als den sechzigsten Teil. עֲנָוָה, oder עֲנָבָה, nach Dalman, Aramäisch-neuhebräisches Wörterbuch zu Targum, Talmud und Midrasch 1901 die Körnerrispe, nach Levy, Neuhebräisches und chaldäisches Wörter-

נוֹתְנִין פֵּאָה מִתְּחִלַּת הַשָּׂדֶה וּמֵאֶמְצָעָה.

רַבִּי שִׁמְעוֹן אוֹמֵר וּבִלְבַד שֶׁיִּתֵּן בְּסוֹף כַּשִּׁעוּר. רַבִּי יְהוּדָה אוֹמֵר אִם שִׁיֵּר קֶלַח אֶחָד סוֹמֵךְ לוֹ מִשֵּׁם פֵּאָה ‖ וְאִם לָאו אֵינוֹ נוֹתֵן אֶלָּא מִשֵּׁם הֶבְקֵר:

כְּלָל אָמְרוּ בַּפֵּאָה ‖ כָּל־שֶׁהוּא אוֹכֶל ‖ וְנִשְׁמַר ‖ וְגִדּוּלָיו מִן הָאָרֶץ ‖ וּלְקִיטָתוֹ כְּאַחַת ‖ וּמַכְנִיסוֹ לְקִיּוּם ‖ חַיָּב בַּפֵּאָה. הַתְּבוּאָה וְהַקִּטְנִיּוֹת בַּכְּלָל הַזֶּה:

וּבָאִילָן הָאוֹג וְהֶחָרוּבִין וְהָאֱגוֹזִים וְהַשְּׁקֵדִים וְהַגְּפָנִים וְהָרִמּוֹנִים הַזֵּתִים וְהַתְּמָרִים חַיָּבִים בַּפֵּאָה:

---

buch über die Talmudim und Midraschim 4 Bde. 1876—1889 das Getreidekorn, nach S. Krauß, Talmudische Archäologie 3 Bde. 1910—12 II S. 183 „Traubenkorn". H. Vogelstein, Die Landwirtschaft in Palästina zur Zeit der Mišnah I: Der Getreidebau, Diss. 1894 S. 64 erklärt die Bedeutung für nicht völlig sicher und plädiert unter Bekämpfung anderer Übersetzungen für „Ertrag".

I 3b. Nach Talm j f. 18a Krakau (vgl. auch Tos Pea I 7 und Siphra S. 87c Weiß) gibt eine Überlieferung im Namen R. Schimons folgende fünf Gründe dafür an, daß man die Pea vom Ende des Ackers nehmen müsse: 1. es soll vermieden werden, daß der Erntende einen günstigen Moment abpaßt, in dem keine andern Armen in der Nähe sind, und dann die Pea schnell für seine armen Verwandten aussondert; 2. sind die Armen nicht sicher, daß die Pea erst bei Abschluß des Erntegeschäfts ihnen erreichbar wird, dann müssen sie fortgesetzt dastehen und warten, wann wohl die Abgabe entrichtet werden möchte; 3. betrügerische Besitzer könnten erklären, sie hätten ihre Pflicht bereits getan, oder in Versuchung geraten, die Pea von den mangelhaft bestandenen Stellen des Feldes herzugeben und das Gute für sich zu behalten; 4. um des äußeren Scheines willen, damit nicht Vorübergehende daran zweifeln, daß der Besitzer den Armen den vorgeschriebenen Tribut entrichtet hat; 5. endlich sagt die Schrift ausdrücklich (Lev 19 9): „Du sollst nicht ganz abschneiden das Ende deines Ackers." Nach R. Jehuda erlaubt ein am Feldende stehen gelassener Halm, den ganzen Rest

Von welcher Stelle des Feldes die Pea zu geben ist. I 3.

I 3a Man kann Pea auch vom Anfang des Feldes geben oder aus seiner Mitte.

3b Rabbi Schimon sagt: vorausgesetzt, daß man am Ende das vorgeschriebene Maß stehen läßt. Rabbi Jehuda sagt: wenn man nur einen Halm [am Ende] übriggelassen hat, kann man sich darauf stützen als auf Pea; || andernfalls hat man es nur als Freigut gegeben.

Die peapflichtigen Gewächse. I 4—5.

4 Als Regel stellen sie [d. h.: die Gelehrten] bei der Pea auf: || alles, was eine Speise ist || und was aufbewahrt wird || und was sein Wachstum aus der Erde [zieht] || und dessen Ernte zu gleicher Zeit [vorgenommen wird] || und dessen Einheimsen zwecks Aufbewahrung [geschieht], || unterliegt der Peapflicht. Das Getreide und die Hülsenfrüchte sind in dieser Regel [einbegriffen].

5 Und von den Bäumen unterliegen der Färberbaum und die Johannisbrotbäume und die Nußbäume und die Mandelbäume und die Weinstöcke und die Granatbäume, die Ölbäume und die Dattelpalmen der Peapflicht.

---

des Quantums sonstwo auf dem Acker zu entnehmen. Ist kein Stengel stehengeblieben, so hat das am Anfang oder in der Mitte des Ackers Ausgesonderte nicht den Charakter der Pea, sondern ist als Freigut zu betrachten, also auch dem Bemittelten zu nehmen erlaubt.

I 4. Diese Mischna findet sich beinahe vollständig wieder Talm b Schab 68a Pes 56b. Vgl. auch Nid 50a und die ganz ähnlichen Bestimmungen bezüglich des Zehnten Maas I Abschn. I 1. An jenen Talmudstellen werden ganz wie in der zu Pea I 4 gehörigen Tos I 8 Beispiele von Gewächsen beigebracht, die nicht peapflichtig sind, weil die vorgesehenen Bedingungen auf sie nicht zutreffen. Das Kraut z. B. ist zwar eine Speise, zieht sein Wachstum aus der Erde und wird auf einmal geerntet. Aber es wird, da es schnell verwelkt, nicht zum Zweck der Aufbewahrung gesammelt. Feigenbäume werden zwar zwecks Aufbewahrung abgelesen, die Früchte jedoch nicht auf einmal heruntergeholt, sondern entsprechend der eintretenden Reife. Vgl. auch Krauß, Arch. II S. 187 f. Getreide und Hülsenfrüchte sind wohl aus dem Grund besonders genannt, weil für sie — abgesehen von den Bäumen, über die I 5 gehandelt wird — die Peapflicht praktisch am bedeutsamsten war.

I 5. אוֹג = syrisch: ܐܘܓܐ ist zunächst die rote Beere des Sumak oder Färberbaums (Rhus cotinus), dann der Baum selbst.

לְעוֹלָם הוּא נוֹתֵן מִשֵּׁם פֵּאָה ‖ וּפָטוּר מִן הַמַּעַשְׂרוֹת ‖ עַד שֶׁיְּמָרֵחַ׃

וְנוֹתֵן מִשֵּׁם הֶבְקֵר ‖ וּפָטוּר מִן הַמַּעַשְׂרוֹת ‖ עַד שֶׁיְּמָרֵחַ׃ מַאֲכִיל לִבְהֵמָה וְלַחַיָּה וְלָעוֹפוֹת ‖ וּפָטוּר מִן הַמַּעַשְׂרוֹת ‖ עַד שֶׁיְּמָרֵחַ׃ נוֹטֵל מִן הַגּוֹרֶן וְזוֹרֵעַ ‖ וּפָטוּר מִן הַמַּעַשְׂרוֹת ‖ עַד שֶׁיְּמָרֵחַ ‖ דִּבְרֵי רַבִּי עֲקִיבָה׃

כֹּהֵן וְלֵוִי שֶׁלָּקְחוּ אֶת־הַגּוֹרֶן ‖ הַמַּעַשְׂרוֹת שֶׁלָּהֶם ‖ עַד שֶׁיְּמָרֵחוּ׃ הַמַּקְדִּישׁ וּפוֹדֶה ‖ חַיָּב בְּמַעַשְׂרוֹת ‖ עַד שֶׁיְּמָרֵחַ הַגִּזְבָּר׃

פֶּרֶק ב׳

וְאֵלּוּ מַפְסִיקִין לְפֵאָה ‖ הַנַּחַל וְהַשְּׁלוּלִית וְדֶרֶךְ הַיָּחִיד וְדֶרֶךְ הָרַבִּים

I 6a. Die Pea ist zehntfrei. Aber sie muß eigentlich vom stehenden Getreide gegeben werden. Hier wird der Fall gesetzt, es habe jemand das versäumt. Und nun entsteht die Frage, wie lange es ihm gestattet sei, auch von der geschnittenen Frucht noch Pea zu entrichten und die Zehntfreiheit dabei zu genießen. Vgl. die näheren Angaben in Tos Pea I 6 und Talm b Sanh f. 88a. Die Mischna erlaubt, zehntfreie Pea zu geben bis zu dem Augenblick, da das Getreide zu Haufen aufgeschichtet ist und diese glattgestrichen sind. Über מֵרַח s. Krauß, Arch. II S. 192. Daß der Zehnt erst in dem Moment, in dem die Haufen geglättet sind, fällig wird, ist ein allgemein gültiger Grundsatz, nach dem I 6b in einer Abschweifung vom eigentlichen Thema auch andere Arten, Getreide zu verwenden, beurteilt werden. R. Aqibha geht so weit, selbst die zehntfreie Entnahme von Saatkorn zuzulassen, wenn nur die Voraussetzung erfüllt ist. Was über Priester und Leviten ausgesagt wird, ist wohl von der letzten Bestimmung dieses Abschnitts aus zu verstehen. Getreide, das den Moment der Glättung im Besitz des Heiligtums erlebt, ist zehntfrei; denn der Tempel entrichtet keine Abgaben. Ist das Korn jedoch, bevor dieser Augenblick gekommen war, in die Hand seines

Wie lange man als Pea zehntfrei geben kann. I 6a.

I 6a Man kann unter allen Umständen als Pea geben, ‖ indem man von den Zehnten frei ist, ‖ solange man [das aufgeschüttete Korn] noch nicht geglättet hat.

Abschweifung: Analoge Verhältnisse auf anderen Gebieten. I 6b—c.

6b Und man kann als Freigut geben, ‖ indem man von den Zehnten frei ist, ‖ solange man noch nicht geglättet hat. Man kann das Vieh, das Wild und das Geflügel [damit] füttern, ‖ indem man von den Zehnten frei ist, ‖ solange man noch nicht geglättet hat. Man kann von der Tenne nehmen und säen, ‖ indem man von den Zehnten frei ist, ‖ solange man noch nicht geglättet hat — ‖ Worte Rabbi Aqibhas.

6c Ein Priester oder Levit, die [Korn von der] Tenne kaufen, ‖ solange man noch nicht geglättet hat, ‖ können die Zehnten für sich behalten. Wer [Korn] dem Heiligtum weiht und es wieder auslöst, ‖ solange der Schatzmeister noch nicht geglättet hat ‖ muß es verzehnten.

Man gibt die Pea nicht vom Gesamtbesitz, sondern von jeder seiner Einheiten besonders. Wie solche Einheiten entstehen. II 1—III 5.

a) Bei den Saaten. II 1—2.

II 1a Folgende Dinge trennen hinsichtlich der Pea: ‖ der Bach, der Bewässerungskanal, der Privatweg, der öffentliche Weg, der öffentliche

---

früheren Besitzers zurückgekehrt, so muß dieser, dem nun das Glattstreichen obliegt, den damit fällig werdenden Zehnt erlegen.

I 6c. Auch Priester und Levit sind frei. Sie brauchen daher den Zehnten nur zu leisten, wenn das Getreide, als sie es erwarben, bereits geglättet war. Denn in diesem Fall ist die Zehntpflicht bereits eingetreten, während es noch im Besitz des früheren, zur Abgabe verpflichteten, Eigentümers war, und dem ist Rechnung zu tragen. גִּזְבָּר ist Lehnwort aus dem Persischen: gangabar (= armenisch գանձաւոր), das sich auch im Syrischen (ܓܙܒܪܐ, ܓܝܙܒܪܐ) und Mandäischen (גאנזיברא) findet und vom persischen gang (sanskrit ganga, armenisch գանձ, griechisch γάζα) = Schatz herrührt, das gleichfalls in semitischen Idiomen wiederbegegnet: hebräisch גְּנָזִים Est 3 9 4 7, mandäisch גינזא, syrisch ܓܙܐ kontrahiert aus ܓܢܙܐ. Vgl. P. de Lagarde, Armenische Studien §§ 753. 755; Th. Nöldeke, Mandäische Gramm. 1875 S. 51.

II 1a. Die jerusalemische Gemara z. St. sieht den Grund für die folgenden Einzelbestimmungen in dem Singular „deines Ackers" Lev 19 9. Er verbiete, mehrere Stücke zu einer Einheit zusammenzufassen. Vgl.

וּשְׁבִיל הָרַבִּים וּשְׁבִיל הַיָּחִיד וְהַקָּבוּעַ בִּימוֹת הַחַמָּה וּבִימוֹת הַגְּשָׁמִים הַבּוּר וְהַנִּיר וְזֶרַע אַחֵר.

הַקּוֹצֵר לְשַׁחַת מַפְסִיק ‖ דִּבְרֵי רַבִּי מֵאִיר. וַחֲכָמִים אוֹמְרִים אֵינוֹ מַפְסִיק ‖ אֶלָּא אִם כֵּן חָרַשׁ:

אַמַּת הַמַּיִם שֶׁאֵינָהּ יְכוֹלָה לְהִקָּצֵר כְּאַחַת רַבִּי יְהוּדָה אוֹמֵר מַפְסֶקֶת.

וְכָל הֶהָרִים אֲשֶׁר בַּמַּעְדֵּר יֵעָדֵרוּן ‖ אַף עַל פִּי שֶׁאֵין הַבָּקָר יָכוֹל לַעֲבֹר בְּכֵלָיו ‖ הוּא נוֹתֵן פֵּאָה לַכֹּל:

הַכֹּל מַפְסִיק לַזְּרָעִים ‖ וְאֵינוֹ מַפְסִיק לָאִילָן אֶלָּא גָדֵר.
אִם הָיָה שֵׂעָר כּוֹתֵשׁ אֵינוֹ מַפְסִיק ‖ אֶלָּא נוֹתֵן פֵּאָה לַכֹּל:

וְלֶחָרוּבִין כָּל־הָרוֹאִים זֶה אֶת־זֶה.

Siphra S. 5. Zu den verschiedenen Deutungen, die die Worte נַחַל und שְׁלוּלִית erfahren haben, s. Krauß, Arch. II S. 546. Als Privatweg gilt ein Weg von vier, als öffentlicher ein Weg von sechzehn Ellen Breite: Talm b Bqam f 61 a. שְׁבִיל ist demgegenüber der Fußpfad. Der in der heißen Zeit wie in der Regenperiode fest bestimmt bleibende (Pfad) ist das ganze Jahr hindurch gangbar, auch wenn das Korn hoch steht. Es ist nicht etwa an Unpassierbarkeit wegen des Regens gedacht. Über בור als Nomen und Verbum s. Krauß, II S. 566 und Vogelstein, S. 48 5. Es ist das Land, das zu seiner Erholung zeitweilig unbebaut liegen bleibt. ניר ist das urbar gemachte Feld, der Neubruch, lat. novale, der umgebrochene, jedoch nicht bestellte Acker.

II 1 b. שַׁחַת (vgl. Albrecht, Gramm. S. 62) ist das noch grüne Korn, das man dem Vieh zum Futter schneidet. R. Meir meint, daß eine so ihres Bestandes beraubte Feldstelle, die sich zwischen die anderen Stücke, auf denen das Korn stehen bleibt, hineinschiebt (nach Tos Pea I 9 soll sie drei Ackerfurchen breit sein), diese trennt. Sie sind nun jedes für sich peapflichtig und für das zwischenheraus Gemähte geht der Besitzer frei aus. Andere Gelehrte wollen ein solches freies Zwischenstück jedoch nur gelten lassen, wenn der Besitzer gar nichts

Pfad, der Privatpfad, der in der heißen Zeit wie in der Regenperiode fest bestimmt bleibende [Pfad], das Brachfeld, das urbar gemachte Feld und eine andere Saat.

II 1b Schneidet man Grünfutter, so kommt dadurch eine Trennung zustande — ‖ Worte Rabbi Meirs. [Andere] Gelehrte aber sagen: es kommt nur dann eine Trennung zustande, wenn man [das betreffende Grundstück] umackert.

2a Vom Wassergraben, der nicht [an beiden Ufern] zugleich abgemäht werden kann, sagt Rabbi Jehuda: er trennt.

2b Und bei allen Bergen, die mit der Gäthacke behackt werden, ‖ gibt man, obgleich das Rind mit seinem Ackergerät nicht hinüberzukommen vermag, ‖ [doch] eine Pea für das Ganze.

b) Bei den Bäumen. II 3—4.

3a Alles [dies] trennt die Saaten, ‖ die Bäume aber trennt nur der Zaun.

3b Wenn die Baumkrone [den Zaun] niederdrückt, ‖ scheidet er nicht [mehr], ‖ sondern man gibt eine Pea für das Ganze.

4a Bei den Johannisbrotbäumen [bilden] alle, die einander sehen, [ein Feld].

---

davon gehabt hat, sondern (etwa wegen Ameisen-, Heuschrecken- oder Sturmschaden) hat umackern müssen. Vgl. Talm b Men f. 71b.

II 2a. Ist ein Graben so breit, daß man auf der einen Seite stehend die Frucht auf der andern zum Abschneiden nicht zu erreichen vermag, so trennt er. Über das Verhältnis von Mischna und Tosephta an dieser Stelle s. M. S. Zuckermandel, Tosephta, Mischna und Boraitha II 1909 S. 90 ff.

II 2b. Der Anfang bis יֵעָדֵרוּן wörtlich nach Jes 7 25. Zum Gebrauch der Gäthacke vgl. Plinius, Naturalis historia 18 178 Detlefsen: montanae gentes sarculis arant.

II 3b. שֵׂעָר wird in der Regel als „Zweiggeflecht" verstanden. Aber die eigentliche Bedeutung ist „Haar". Dem zugrunde liegenden Bilde scheint mir die Wiedergabe mit „Baumkrone" mehr zu entsprechen.

II 4. „Alle, die einander sehen", steht prägnant für „alle, bei denen man von einen zum andern zu sehen vermag". Das Vorhandensein eines Zauns ändert daran nichts. Über Rabban und Rabbi s. H. L. Strack, Einleitung in den Talmud[4] 1908 S. 85 2. Zu בְּרַבִּי vgl. Krauß in der ZDMG LXVII 1913 S. 735. R. Elazar ben Ṣadduq entscheidet für die Besitzer günstiger als Gamliel.

אָמַר רַבָּן גַּמְלִיאֵל ‖ נוֹהֲגִין הָיוּ בֵית אַבָּא נוֹתְנִין פֵּאָה אַחַת לַזֵּתִים
שֶׁהָיוּ לָהֶם בְּכָל־רוּחַ ‖ וְלֶחָרוּבִין כָּל־הָרוֹאִים זֶה אֶת־זֶה. רַבִּי אֶלְעָזָר
בְּרַבִּי צָדוֹק אוֹמֵר מִשְּׁמוֹ ‖ אַף לֶחָרוּבִין שֶׁהָיוּ לָהֶם בְּכָל־הָעִיר:

הַזּוֹרֵעַ אֶת־שָׂדֵהוּ מִין אֶחָד ‖ אַף עַל פִּי שֶׁהוּא עוֹשֶׂה שְׁתֵּי גֳרָנוֹת נוֹתֵן
פֵּאָה אֶחָת.
זְרָעָהּ שְׁנֵי מִינִים ‖ אַף עַל פִּי שֶׁהוּא עוֹשֶׂה גוֹרֶן אַחַת נוֹתֵן שְׁתֵּי פֵאוֹת.

הַזּוֹרֵעַ אֶת־שָׂדֵהוּ שְׁנֵי מִינֵי חִטִּים ‖ עֲשָׂאָן גּוֹרֶן אַחַת נוֹתֵן פֵּאָה אֶחָת.
שְׁתֵּי גֳרָנוֹת ‖ נוֹתֵן שְׁתֵּי פֵאוֹת:

מַעֲשֶׂה שֶׁזָּרַע רַבִּי שִׁמְעוֹן אִישׁ הַמִּצְפָּה לִפְנֵי רַבָּן גַּמְלִיאֵל. וְעָלוּ לְלִשְׁכַּת
הַגָּזִית וְשָׁאֲלוּ. אָמַר נָחוּם הַלִּבְלָר ‖ מְקֻבָּל אֲנִי מֵרַבִּי מְיָאשָׁא ‖ שֶׁקִּבֵּל
מֵאַבָּא ‖ שֶׁקִּבֵּל מִן הַזּוּגוֹת ‖ שֶׁקִּבְּלוּ מִן הַנְּבִיאִים הֲלָכָה לְמשֶׁה מִסִּינַי ‖
הַזּוֹרֵעַ אֶת־שָׂדֵהוּ שְׁנֵי מִינֵי חִטִּים ‖ עֲשָׂאָן גּוֹרֶן אַחַת נוֹתֵן פֵּאָה אַחַת ‖
שְׁתֵּי גֳרָנוֹת נוֹתֵן שְׁתֵּי פֵאוֹת:

II 5a. גּוֹרֶן wird in der Mischna als Maskulinum und Femininum gebraucht.

II 5b. שָׂדֶה, im AT männlichen Geschlechts, ist im späteren Hebräisch in der Regel weiblich; daher זְרָעָהּ.

II 5c. Über die verschiedenen Arten Weizen s. Krauß, Arch. II S. 179 f. Vogelstein S. 45 10. Zur Form עֲשָׂאָן: vgl. Albrecht, Gramm. § 123 c.

II 6 begründet die Bestimmung II 5c durch eine Geschichte, die bis auf Mose zurückgeführt wird. R. Gamliel ist Gamliel, der Ältere; s. Strack, Einl.[4] S. 85. In der „Quaderhalle" tagte der große Gerichtshof, Sanh XI 2. Wo sie lag, steht nicht ganz fest. Schürer, Geschichte des jüdischen Volkes im Zeitalter Jesu Christi[4] 3 Bde. 1901—09 II S. 263—265 identifiziert sie mit der „Halle am Xystos", d. h. er findet sie an der westlichen Grenze des Tempelberges bei der nach dem Xystos hinüberführenden Brücke wieder. Die Mischna freilich verlegt sie in den inneren Vorhof (Sanh XI 2, Midd V 4). Und W. Bacher

II 4b Rabban Gamliel hat gesagt: ‖ in meiner Familie hatte man den Brauch, eine Pea zu geben für die Ölbäume, die man auf jeder Seite hatte, ‖ und für alle die Johannisbrotbäume, die einander sehen. Rabbi Elazar, der Sohn des Rabbi Ṣadduq, sagt in seinem Namen: ‖ auch für die Johannisbrotbäume, die sie in der ganzen Stadt haben, [dürfen sie eine Pea geben].

c) Ob durch Bepflanzung eines Feldstücks mit verschiedenen Arten oder durch Bildung mehrerer Tennen. II 5—6.

5a Wer sein Feld mit einer Art besät, ‖ gibt, auch wenn er zwei Tennen macht, [nur] eine Pea.

5b Hat er es mit zwei Arten besät, ‖ so gibt er, auch wenn er [nur] eine Tenne macht, zwei Pea.

5c Wer sein Feld mit zwei Arten Weizen besät, ‖ gibt, wenn er daraus eine Tenne macht, [nur] eine Pea. [Macht er] zwei Tennen, ‖ so gibt er zwei Pea.

6 Einst geschah es, daß Rabbi Schimon aus Mizpa vor Rabban Gamliel [so] säte. Und sie stiegen hinauf zur Quaderhalle und fragten an. Da sagte Nachum der Schreiber: ‖ ich habe eine Überlieferung von Rabbi Majascha, ‖ der sie von seinem Vater empfangen hat, ‖ der sie von den Paaren empfangen hat, ‖ die sie von den Propheten empfangen haben als eine Halacha des Mose vom Sinai, ‖ daß, wer sein Feld mit zwei Arten Weizen besät, ‖ wenn er davon eine Tenne macht, eine Pea gibt, ‖ macht er [dagegen] zwei Tennen, [dann] zwei Pea.

---

will daran festhalten: Hasting's Dictionary of the Bible IV (1902) S. 399a. Vgl. noch L. Z. Lauterbach, The Jewish Encyclopedia XI (1905) S. 42b und H. L. Strack, Sanhedrin-Makkoth 1910 S. 42_{10}. O. Holtzmann, Middot S. VIII. לִבְלָר = libellarius; vgl. S. Krauß, Griech. u. latein. Lehnwörter in Talmud, Midrasch und Targum 2 Bde. 1898. 9 II S. 303b. R. Majascha kommt nur hier in der Mischna vor; s. M. Braunschweiger, Die Lehrer der Mischnah 1890 S. 176. Die „Paare" sind zehn Gesetzlehrer, die je zwei und zwei zusammengenannt werden (Ab I 4—15, Chag II 2), was die betreffenden beiden in die gleiche Zeit verweist. Die fünf Paare, deren letztes Hillel und Schammai bilden, stellen eine Traditionskette dar, die, freilich nicht vollständig, die Zeit von Antigonus von Sokho bis auf Herodes I deckt. Antigonus hatte die Überlieferung von Schimon dem Gerechten, einem der letzten Männer der „großen Versammlung" (etwas 300 v. Chr.) empfangen. Vgl. Schürer, Gesch. II^{4}

שָׂדֶה שֶׁקְּצָרוּהָ גוֹיִם ‖ קְצָרוּהָ לִסְטִים ‖ קִרְסְמוּהָ נְמָלִים ‖ שְׁבָרַתָּה הָרוּחַ אוֹ בְהֵמָה ‖ פְּטוּרָה.

קָצַר חֶצְיָהּ וְקָצְרוּ לִסְטִים חֶצְיָהּ ‖ פְּטוּרָה ‖ שֶׁחוֹבַת קָצִיר בַּקָּמָה. קָצְרוּ לִסְטִים חֶצְיָהּ וְקָצַר הוּא חֶצְיָהּ ‖ נוֹתֵן פֵּאָה מִמַּה־שֶּׁקָּצָר.

קָצַר חֶצְיָהּ וּמָכַר חֶצְיָהּ ‖ הַלּוֹקֵחַ נוֹתֵן פֵּאָה לַכֹּל.

קָצַר חֶצְיָהּ וְהִקְדִּישׁ חֶצְיָהּ ‖ הַפּוֹדֶה מִיַּד הַגִּזְבָּר הוּא נוֹתֵן פֵּאָה לַכֹּל:

פֶּרֶק ג.

מַלְבְּנוֹת הַתְּבוּאָה שֶׁבֵּין הַזֵּתִים ‖ בֵּית שַׁמַּי אוֹמְרִין פֵּאָה מִכָּל־אַחַת וְאַחַת. וּבֵית הִלֵּל אוֹמְרִים מֵאַחַת עַל הַכֹּל. וּמוֹדִים שֶׁאִם הָיוּ רָאשֵׁי שׁוּרוֹת מְעוֹרָבִין ‖ שֶׁהוּא נוֹתֵן פֵּאָה מֵאַחַת עַל הַכֹּל:

S. 415—17, H. L. Strack, Einl. in den Talmud^4 1908 S. 82 f. Satzungen, von denen man glaubte, daß sie seit unvordenklicher Zeit bestanden, wurden als von Gott dem Mose am Sinai gegeben bezeichnet. In der Mischna findet sich der Ausdruck noch Edu VIII 7 Jad IV 3; vgl. Strack a. a. O. 8. Im Talm b Naz f. 56b tritt Nachum, der Schreiber, ebenfalls auf und beruft sich auf die gleiche Zeugenkette, um zu beweisen, daß, wer Dill oder Senf an zwei oder drei Stellen gesät hat, Pea für jede besonders geben muß. Vgl. Aqibha und andere Gelehrte Mischna Pea III 2.

II 7a. Die Heiden haben das Feld natürlich für sich selbst abgeerntet, nicht als Arbeitsleute im Dienste eines jüdischen Besitzers für diesen, eine Annahme, welche die jerusalem. Gemara z. St. (Talm j f. 17a) ausdrücklich ablehnt. לִסְטִים Plur. von לֵיסְטֵיס (s. Dalman, Wörterbuch 208a) = ܠܣܛܝܐ, ܠܣܛ ist das griechische ληστής. Die Ameisen fressen die Halme unten ab und tragen die Körner in die Löcher; Vogelstein S. 53. Die Abgabenfreiheit ergibt sich aus dem Wortlaut Lev 19_9 „wenn ihr erntet"; vgl. Siphra ed. Weiß S. 87b.

II 7b. Die auf der Ernte ruhende Verpflichtung, die nur das stehende

Abschweifung: Behandlung der Felder, die ganz oder teilweise von anderen als dem Besitzer ihres Ertrages beraubt werden. II 7.

II 7a Ein Feld, das Heiden abgemäht haben, || das Räuber abgemäht haben, || das Ameisen abgefressen haben, || das Wind oder Vieh umgebrochen haben, || ist frei [von der Peapflicht].

7b Hat er [d. h. der Besitzer] eine seiner [d. h. des Feldes] Hälften abgemäht und Räuber die andere, || so ist es frei, || weil die auf der Ernte ruhende Verpflichtung nur das stehende Getreide trifft. Haben Räuber eine seiner Hälften abgemäht und er die andere, || so gibt er Pea von dem, was er abgemäht hat.

7c Hat er eine seiner Hälften abgemäht und die andere verkauft, || so gibt der Käufer Pea für das Ganze.

7d Hat er eine seiner Hälften abgemäht und die andere dem Heiligtum geweiht, || so gibt der, welcher [die letztere] vom Schatzmeister wieder auslöst, Pea für das Ganze.

d) Ob die einzelnen zwischen den Ölbäumen liegenden Getreidebeete als solche anzusehen sind. III 1.

III 1 Von den Getreidebeeten, die zwischen den Ölbäumen [liegen], || sagt die Schule Schammais: eine Pea für jedes einzelne besonders. Die Schule Hillels aber sagt: von einem für alle. Sie [die Anhänger Schammais] geben jedoch zu, daß man, wenn die Enden der Reihen aneinanderstoßen, || von einem [Beet] für alle die Pea gibt.

Getreide trifft, ist speziell die Peapflicht. S. zu I 6a. Hat der Besitzer als erster eine Hälfte geschnitten und wird ihm die andere Hälfte dann von unberufener Seite entwendet, so ist er frei, weil man annimmt, daß er vorhatte, von der von ihm stehen gelassenen Hälfte seiner Pflicht zu genügen. Da er diese nicht vergessen hat (s. zu I 6a), kann man ihm nicht zumuten, nachträglich von der von ihm geernteten Frucht die Abgabe zu entrichten. Sind die Unbefugten zuerst gekommen, so liegt der Fall anders. Dann muß der Besitzer von seiner Hälfte, auf der das Getreide noch steht, die Pea absondern. Für das ganze Feld die Abgabe zu leisten, verlangt man von ihm nicht. Dagegen ist in den beiden folgenden Fällen II 7c und d der, welcher sich in den Besitz der Ernte des letzten Feldabschnittes setzt, gehalten, für den ganzen Acker Pea zu geben. Ist er doch, da er seine Verpflichtung kennt, in der Lage, die Bedingungen bei der Übernahme dementsprechend zu gestalten.

III 1 schließt sich über die Abschweifung II 7 hinweg (s. S. 2) an

הַמְנַמֵּר אֶת־שָׂדֵהוּ וְשִׁיֵּר קְלָחִים לַחִים רַבִּי עֲקִיבָה אוֹמֵר ‖ פֵּאָה מִכָּל־
אֶחָד וְאֶחָד. וַחֲכָמִים אוֹמְרִים ‖ מֵאֶחָד עַל הַכֹּל.

וּמוֹדִים חֲכָמִים לְרַבִּי עֲקִיבָה בְּזוֹרֵעַ שֶׁבֶת אוֹ חַרְדָּל בִּשְׁלֹשָׁה מְקוֹמוֹת ‖
שֶׁהוּא נוֹתֵן פֵּאָה מִכָּל־אֶחָד וְאֶחָד:

הַמַּחֲלִיק בְּצָלִים לַחִים לַשּׁוּק וּמְקַיֵּם יְבֵשִׁים לַגּוֹרֶן ‖ נוֹתֵן פֵּאָה לָאֵלּוּ
לְעַצְמָן וּלְאֵלּוּ לְעַצְמָן ‖ וְכֵן בַּאֲפוּנִים וְכֵן בְּכֶרֶם.

הַמֵּדֵל נוֹתֵן מִן הַמְשׁוֹאָר עַל מַה־שֶּׁשִּׁיֵּר.

הַמַּחֲלִיק מֵאַחַת יָד נוֹתֵן מִן הַמְשׁוֹאָר עַל הַכֹּל:

הָאִמָּהוֹת שֶׁל בְּצָלִים חַיָּבוֹת בַּפֵּאָה ‖ וְרַבִּי יוֹסֵי פּוֹטֵר.

מַלְבְּנוֹת הַבְּצָלִים שֶׁבֵּין הַיֶּרֶק רַבִּי יוֹסֵי אוֹמֵר ‖ פֵּאָה מִכָּל־אַחַת וְאֶחָת.
וַחֲכָמִים אוֹמְרִים מֵאַחַת עַל הַכֹּל.

II 6 an. מַלְבֵּן (zur Erklärung des Wortes s. Vogelstein S. 43[37]) ist Maskulinum, bildet den Plural jedoch in der Regel מַלְבְּנוֹת (vgl. III 4b). Die Form מַלְבֵּנִים kommt auch vor (z. B. Pea VII 2a), ist jedoch seltener.

III 2a. נָמֵר Pi. heißt wörtlich: etwas dem Fell eines Panthers (נָמֵר) ähnlich, es fleckig machen. Bei Feldern geschieht das so, daß man sie nur stellenweise aberntet oder bepflanzt. Talm b Men f. 71b wird mit Mischna III 2a operiert.

III 2b handelt nicht, wie wiederum III 3, von stellenweise abgeernteten, sondern von an einzelnen Stellen bestandenen Feldern. Der Begriff des „Fleckigmachens" ist auch hier maßgebend, und die Auseinandersetzung Aqibhas mit den Gelehrten dauert fort. שֶׁבֶת, Dill (Anethum graveolens). חַרְדָּל, Senf (Sinapis), ein persisches Lehnwort (s. Beer, Pes XXIV). Weshalb gerade bei diesen Gewächsen so zu

e) Was von stellenweise geleerten oder bestandenen Feldern in dieser Hinsicht zu halten ist. III 2—3.

III 2a Wenn jemand sein Feld stellenweise aberntet und [dabei] grüne Halme stehen läßt, so sagt Rabbi Aqibha: ‖ [er gibt] Pea von jeder einzelnen Stelle besonders. [Andere] Gelehrte aber sagen: ‖ von einer für alle.

2b Die Gelehrten geben dem Rabbi Aqibha jedoch in bezug auf den, der Dill oder Senf an drei Stellen säet, zu, ‖ daß er Pea von jeder einzelnen besonders gibt.

3a Wenn jemand die grünen Zwiebeln für den Markt ausreißt und die trockenen für die Tenne stehen läßt, ‖ so gibt er Pea für die einen besonders und für die anderen besonders; ‖ und ebenso ist es bei den Erbsen und ebenso beim Weinberg.

3b Wenn jemand [die Pflanzenkultur durch Ausreißen] lichtet, so gibt er von dem Übriggelassenen nach Maßgabe dessen, was er übriggelassen hat.

3c Wenn jemand zu einem Zweck ausreißt, gibt er von dem Übriggelassenen für das Ganze.

Abschweifung: die Saatzwiebeln. III 4a.

4a Die Saatzwiebeln sind peapflichtig; ‖ Rabbi Jose aber spricht sie frei.

f) Wie es mit den Zwiebelbeeten steht. III 4b.

4b Von Zwiebelbeeten zwischen dem Grünkraut sagt Rabbi Jose: ‖ Pea von jedem einzelnen besonders. [Andere] Gelehrte aber sagen: von einem für alle.

---

verfahren ist, dafür gibt Talm j f. 16b allerlei Gründe an. Zum Ganzen vgl. die Erklärung zu II 6.

III 3a. אָפוּן und אָפוּן, die Kichererbse (Cicer arietinum).

III 3b. דָּלַל Hiph. „spärlich machen", d. h. den Bestand der Pflanzen verringern, damit die übrigbleibenden sich besser entfalten können.

III 3c ist an ein Feld gedacht, das eine Sorte von Gewächs trägt und zu ein und demselben Zweck abgeerntet wird. In diesem Fall braucht man nicht (wie III 3a) von dem zunächst Entnommenen für sich Pea zu geben, sondern kann es von dem stehen gebliebenen Rest für das Ganze tun.

III 4a stellt eine ad vocem Zwiebel vorgenommene Abschweifung dar.

III 4b bringt einen ähnlichen Fall wie III 1, der auch seitens der Gelehrten die gleiche widersprechende Beurteilung findet.

הָאַחִים שֶׁחָלְקוּ נוֹתְנִין שְׁתֵּי פֵאוֹת. חָזְרוּ וְנִשְׁתַּתְּפוּ נוֹתְנִין פֵּאָה אֶחָת.

שְׁנַיִם שֶׁלָּקְחוּ אֶת־הָאִילָן נוֹתְנִין פֵּאָה אֶחָת. לָקַח זֶה צְפוֹנוֹ וְזֶה דְרוֹמוֹ ‖ זֶה נוֹתֵן פֵּאָה לְעַצְמוֹ וְזֶה נוֹתֵן פֵּאָה לְעַצְמוֹ:

הַמּוֹכֵר קִלְחֵי אִילָן בְּתוֹךְ שָׂדֵהוּ ‖ נוֹתֵן פֵּאָה מִכָּל־אֶחָד וְאֶחָד.

אָמַר רַבִּי יְהוּדָה אֵימָתַי? בִּזְמַן שֶׁלֹּא שִׁיֵּר בַּעַל הַשָּׂדֶה. אֲבָל אִם שִׁיֵּר בַּעַל הַשָּׂדֶה ‖ הוּא נוֹתֵן פֵּאָה לַכֹּל:

רַבִּי אֱלִיעֶזֶר אוֹמֵר קַרְקַע בֵּית רוֹבַע חַיָּב בְּפֵאָה. רַבִּי יְהוֹשֻׁעַ אוֹמֵר הָעוֹשֶׂה סָאתַיִם. רַבִּי טַרְפוֹן אוֹמֵר שִׁשָּׁה עַל שִׁשָּׁה טְפָחִים. רַבִּי יְהוּדָה בֶּן בְּתֵירָה אוֹמֵר כְּדֵי לִקְצֹר וְלִשְׁנוֹת. וַהֲלָכָה כִּדְבָרָיו:

III 4d. Gehört dem einen Besitzer die Nordseite des Baums, dem andern die Südseite, so muß jeder für sich die Abgabe geben, weil die verschiedenen Seiten verschieden ertragreich sind.

III 5. Die Bedeutung von קִלְחֵי אִילָן ist mir nicht ganz klar geworden. Maimonides S. 14 ed. Herzog (Peah 1894) erklärt es ausdrücklich nicht mit „Bäume", sondern mit שָׁרְשֵׁי צְמָחִים = Wurzeln von Pflanzenwerk. Buxtorf und Levy bieten in ihren Wörterbüchern die Übersetzung „Baumstrünke". Sammter (Mischnaioth I 1887) überträgt „Baumstämme" und ebenso Goldschmidt (Der babylonische Talmud herausgegeben und übersetzt I² 1906), der in einer Note dazu bemerkt: „ohne Boden, sonst würde sie dieser vereinigen". L. A. Rosenthal, Die Mischna, Aufbau und Quellenscheidung I 1903 S. 22 meint, es handele sich um einzelne Bäume mit ihren Früchten. Und J. J. Rabe, Mischna I 1760 z. St. fügt hinzu: „solche auszugraben und in sein Feld zu versetzen". Aber der Ausdruck bleibt seltsam. Daß jedenfalls der Boden, auf dem die Bäume stehen, nicht mitverkauft wird, ergibt sich aus der verschiedenen Behandlung von Käufer und Besitzer. Fällt jenem die Peapflicht zu, so sind die, untereinander nicht durch den dem gleichen

g) Wie eine Mehrzahl von Besitzern wirkt. III 4c—d.

III 4c Brüder, die [unter sich] geteilt haben, geben zwei Pea. Haben sie [die Teilung] rückgängig gemacht und sich wieder miteinander vereinigt, so geben sie eine Pea.

4d Zwei, die einen Baum gekauft haben, geben eine Pea. Hat der eine seine [d. h. des Baumes] Nordseite gekauft und der andere seine Südseite, || so geben der eine wie der andere Pea für sich besonders.

h) Einzelne Bäume. III 5.

5a Wenn jemand Baumstämme auf seinem Felde verkauft, || so gibt er [der Käufer] Pea von jedem einzelnen.

5b Rabbi Jehuda hat gesagt: wann? Wenn der Besitzer des Feldes nichts zurückbehalten hat. Wenn aber der Besitzer des Feldes etwas zurückbehalten hat, || gibt er [der Besitzer] Pea für das Ganze.

Die Größe des Grundstücks, welches die Peapflicht bedingt. III 6—7.

6 Rabbi Eliezer sagt: ein Grundstück von der Größe eines Roba [Aussaat] ist peapflichtig. Rabbi Jehoschua sagt: eins, das zwei Sea hervorbringt. Rabbi Ṭarphon sagt: eins, das sechs auf sechs Handbreit [groß ist]. Rabbi Jehuda, Sohn des Bethera sagt: eins groß genug, den Schnitt zu wiederholen. Und die Halacha entspricht seinen Worten.

Mann gehörigen Boden verbundenen, Bäume als besondere Einheiten zu werten. Hat dieser die Peapflicht zu erfüllen, so erscheinen die Bäume durch den in seinem Besitz befindlichen Grund und Boden zu einer Einheit verbunden.

III 6. רוֹבַע eigentl. ein Viertel, dann speziell ein Viertel Qab (קַב). Das Maß Qab hatte nicht überall den gleichen Inhalt. Das gewöhnliche palästinensische Qab entsprach nach Josephus (Antiq. IX 4 4) vier ξέστης, d. h. vier Sextarien. Sechs Qab machen eine Sea (סְאָה, aram. סָאתָא griech. σάτον; wahrscheinlich aus dem Assyrischen, s. Gesenius-Buhl, Wörterbuch) aus. Da Josephus (IX 4 5) eine Sea mit anderthalb italischen modius gleichsetzt, ergibt sich für die Sea ein Gehalt von 13,131 l, für das Qab von 2,1885 l. Näheres bei Krauß, Arch. II S. 393 ff. Der Schnitt des Getreides wurde derart vorgenommen, daß der Erntende soviel Halme als möglich in einer Hand vereinigte und dann mit der andern absichelte. „Den Schnitt wiederholen" können bedeutet also, daß das Feld mehr als eine solche Handvoll trägt.

רַבִּי עֲקִיבָה אוֹמֵר קַרְקַע כָּל־שֶׁהוּא חַיָּב בְּפֵאָה וּבְבִכּוּרִים ‖ וְלִכְתֹּב עָלָיו פְּרוֹזְבּוֹל ‖ וְלִקְנוֹת עִמּוֹ נְכָסִים שֶׁאֵין לָהֶם אַחֲרָיוּת בְּכֶסֶף וּבִשְׁטָר וּבַחֲזָקָה:

הַכּוֹתֵב נְכָסָיו שָׁכֵיב מְרַע שִׁיֵּר קַרְקַע כָּל־שֶׁהוּא ‖ מַתָּנָתוֹ קַיֶּמֶת. לֹא שִׁיֵּר קַרְקַע כָּל־שֶׁהוּא ‖ אֵין מַתָּנָתוֹ קַיֶּמֶת.

הַכּוֹתֵב נְכָסָיו לְבָנָיו וְכָתַב לְאִשְׁתּוֹ קַרְקַע כָּל־שֶׁהוּא ‖ אִבְּדָה כְתֻבָּתָהּ. רַבִּי יוֹסֵי אוֹמֵר אִם קִבְּלָה עָלֶיהָ ‖ אַף עַל פִּי שֶׁלֹּא כָתַב לָהּ ‖ אִבְּדָה כְתֻבָּתָהּ:

III 7. Die Äußerung R. Aqibhas geht von der Pea zu den Erstlingen über und zählt dann weiter auf, wozu sonst noch jedes Grundstück geeignet ist. Im Rahmen unseres Traktates stellt das sowie die sich anschließenden Ausführungen III 8. 9 eine Abschweifung dar. פְּרוֹזְבּוֹל = προσβολή (vgl. Schebi X 3—7 M qaṭ III 3 Ket IX 9 Git IV 3 Uqß III 10 und Schürer II[4] S. 60, Krauß, Lehnwörter II S. 482) bedeutet das Hinbringen, Übergeben, nämlich einer Deklaration, in unsere Sprache übertragen „die protokollarische Erklärung". Die Einrichtung des Prosbol geht auf Hillel zurück. Sie war dazu bestimmt, die aus der gesetzlichen Vorschrift, daß in jedem siebenten Jahr alle Schulden erlassen werden sollten (Dtn 15 1–11), sich ergebenden Unzuträglichkeiten zu beseitigen. Trotzdem nämlich das Gesetz selbst ermahnte, sich durch jenes Gebot nicht vom Geben von Darlehen abschrecken zu lassen, hatte sich doch die üble Folge ergeben, daß viele nur ungern oder gar nicht mehr borgen wollten. Durch Einrichtung der Institution des Prosbol wurde — freilich unter Umgehung der gesetzlichen Bestimmung — das Kreditwesen wieder auf eine gesunde Basis gestellt. Es wurde dem Gläubiger gestattet, vor Gericht eine Erklärung abzugeben (Wortlaut bei Schürer II[4] S. 428), die ihn berechtigte, jederzeit sämtliche ausstehenden Schulden einzufordern. So war er auch vor den Folgen des Sabbatjahrs gesichert Vgl. Bousset, Die Religion des Judentums[2] 1906 S. 151. Zum Schluß von III 7 vgl. B bat IX 7 Qid I 5. Nur Güter, auf denen keine

III 7 Rabbi Aqibha sagt: jedes Grundstück, wie es auch sei, ist zur Leistung von Pea und Erstlingen verpflichtet || und genügt auch, einen Prosbol darüber zu schreiben, || und man darf mit ihm zusammen Güter erwerben, auf denen keine Verpflichtung lastet, durch Geld, Schuldschein oder Besitzergreifung.

Fortsetzung der in der zweiten Hälfte von III 7 begonnenen Abschweifung: Verschreibungen von Gütern. III 8—9.

III 8a Wer seine Güter in schwerer Krankheit [einem anderen] verschreibt und ein Grundstück irgendwelcher Art zurückbehält, || dessen Schenkung ist gültig. Behält er kein Grundstück irgendwelcher Art zurück, || so ist seine Schenkung ungültig.

8b Wenn jemand seine Güter seinen Kindern verschreibt und verschreibt seiner Frau ein Grundstück irgendwelcher Art, || so verliert sie ihre Hochzeitsverschreibung. Rabbi Jose sagt: wenn sie zugestimmt hat, || verliert sie ihre Hochzeitsverschreibung, || auch wenn er ihr nichts verschrieben hat.

Verpflichtung lastet, darf man durch Geld, Schuldschein oder Besitzergreifung (hat jemand drei Jahre lang, ohne daß Einspruch erfolgte, einen Besitz als ihm gehörig behandelt, so wird er auch rechtlich als Eigentümer betrachtet; B bat III 1) erwerben. Aber mit einem solchen Gut zusammen kann auch jedes andere auf gleiche Weise erworben werden.

III 8a. Behält der Kranke ein Stück Land für sich zurück, dann ist die Verschreibung auch für den Fall seiner Genesung gültig; denn sein Verhalten zeigt, daß er mit dieser Möglichkeit gerechnet hat. Gibt er dagegen alles hin, so hat er offenbar seinen Tod für ganz sicher gehalten und seine Verschreibung unter dieser stillschweigenden Voraussetzung gemacht. Sie kann daher, wenn sein Leben erhalten bleibt, nicht gültig sein. Vgl. B bat IX 6.

III 8b. כְּתֻבָּה ist die Gabe, die der Mann in der Heiratsurkunde der Frau zu verschreiben hat. Vgl. Krauß, Arch. II S. 44 f. Sie mußte sichergestellt werden (s. unten VIII 8). Die Tatsache, daß auch die Frau in der an unserer Stelle ins Auge gefaßten Verschreibung bedacht wird, gilt als Beweis dafür, daß sie mit dem Vorgehen ihres Mannes einverstanden ist und sich durch Überlassung des Grundstücks für befriedigt erklärt. Damit begibt sie sich aller Ansprüche an den Besitz ihres Mannes, durch den ihre Hochzeitsgabe sichergestellt ist. Nach R. Jose genügt sogar die bloße Zustimmung, um den Verlust des Hochzeitsgutes herbeizuführen.

הַכּוֹתֵב נְכָסָיו לְעַבְדּוֹ ‖ יָצָא בֶן חוֹרִין. שִׁיֵּר קַרְקַע כָּל־שֶׁהוּא ‖ לֹא יָצָא בֶן חוֹרִין. רַבִּי שִׁמְעוֹן אוֹמֵר לְעוֹלָם הוּא בֶן חוֹרִין ‖ עַד שֶׁיֹּאמַר הֲרֵי כָל־נְכָסַי נְתוּנִים לְאִישׁ פְּלוֹנִי עַבְדִּי חוּץ מֵאֶחָד מֵרִבּוֹא שֶׁבָּהֶן:

פֶּרֶק ד.

הַפֵּאָה נִתֶּנֶת בִּמְחֻבָּר לְקַרְקַע. בְּדָלִית וּבְדֶקֶל בַּעַל הַבַּיִת מוֹרִיד וּמְחַלֵּק לָעֲנִיִּים.

רַבִּי שִׁמְעוֹן אוֹמֵר אַף בַּחֲלִיקֵי אֱגוֹזִים.

אֲפִלּוּ תִשְׁעִים וְתִשְׁעָה אוֹמְרִים לְחַלֵּק וְאֶחָד אוֹמֵר לָבֹז ‖ לָזֶה שׁוֹמְעִין ‖ שֶׁאָמַר כַּהֲלָכָה:

בְּדָלִית וּבְדֶקֶל אֵינוֹ כֵן. אֲפִלּוּ תִשְׁעִים וְתִשְׁעָה אוֹמְרִים לָבֹז וְאֶחָד אוֹמֵר לְחַלֵּק ‖ לָזֶה שׁוֹמְעִין ‖ שֶׁאָמַר כַּהֲלָכָה:

נָטַל מִקְצָת הַפֵּאָה וְזָרַק עַל הַשְּׁאָר ‖ אֵין לוֹ בָהּ כְּלוּם. נָפַל לוֹ עָלֶיהָ ‖ פָּרַס טַלִּיתוֹ עָלֶיהָ ‖ מַעֲבִירִים אוֹתוֹ מִמֶּנָּה. וְכֵן בַּלֶּקֶט ‖ וְכֵן בְּעוֹמֶר הַשִּׁכְחָה:

פֵּאָה אֵין קוֹצְרִין אוֹתָהּ בְּמַגָּלוֹת ‖ וְאֵין עוֹקְרִין אוֹתָהּ בְּקַרְדּוּמוֹת ‖ כְּדֵי שֶׁלֹּא יַכּוּ אִישׁ אֶת־רֵעֵהוּ:

III 9. Der Sklave ist frei, weil auch er zu den Gütern gehört, die ihm geschenkt sind. Der folgende Satz will ihm die Freiheit aberkennen, wenn der Herr ein Grundstück, und sei es noch so klein, von der Verschreibung ausnimmt. R. Schimon ist damit nicht einverstanden. Wenn alles bis auf ein **Grundstück** geschenkt ist, dann natürlich auch der Sklave selbst. Anders steht die Sache, wenn sich der Herr der allgemeinen Wendung bedient: „außer einem Zehntausendstel." Denn damit könnte er gerade den Sklaven meinen. Vgl. b. Talm Git f. 8/9 42 a, B bat 149 b.

IV 1a. „Die Pea wird gegeben", das bedeutet nach dem Zusammenhang: dem Armen preisgegeben, so daß er sich selbst versehen kann. So verfährt man mit allen Erzeugnissen, die am Boden haften. Die hochhängenden Früchte dagegen nimmt der Besitzer ab und verteilt sie, gewiß, damit nicht die körperlich benachteiligten Armen, die zu den

III 9 Wenn jemand seine Güter seinem Sklaven verschreibt, || wird er frei. Hat er ein Grundstück irgendwelcher Art zurückbehalten, || so wird er nicht frei. Rabbi Schimon sagt: in jedem Fall wird er frei, || außer wenn er [der Herr] sagt: siehe, alle meine Güter sind dem und dem, meinem Sklaven, geschenkt außer einem Zehntausendstel von ihnen.

Über die Art, wie die Pea zu geben und zu nehmen ist. IV 1—5.

IV 1a Die Pea wird von dem gegeben, was am Grundstück haftet. Bei einer [am Baum hochgezogenen] Weinranke und einer Dattelpalme nimmt der Besitzer [die Früchte] ab und verteilt sie an die Armen.

1b Rabbi Schimon sagt: auch bei den Wallnußbäumen.

1c Selbst wenn 99 [Arme] für Verteilen stimmen und [nur] einer für Plündern, || soll man auf diesen hören, || da er der Halacha entsprechend geredet hat.

2 Bei einer [am Baum hochgezogenen] Weinranke und einer Dattelpalme ist es nicht so. Auch wenn 99 [Arme] für Plündern stimmen und [nur] einer für Verteilen, || soll man auf diesen hören, || da er der Halacha entsprechend geredet hat.

3 Nimmt er [ein Armer] etwas von der Pea und streut es auf das übrige, || so gehört ihm gar nichts davon. Wirft er sich selbst darauf, || breitet seinen Mantel darüber, || so schafft man ihn davon fort. Und ebenso ist es bei der Nachlese || und ebenso bei der vergessenen Garbe.

4 Die Pea mäht man weder mit Sicheln ab, || noch reißt man sie mit Grabeisen aus, || damit sie einander nicht verwunden.

Weinranken nicht hinaufreichen und die Bäume nicht besteigen können, zu kurz kommen.

IV 1c bezieht sich natürlich — Siphra spricht es deutlich aus — auf die am Boden haftenden Gewächse. Sie müssen nach der Halacha „geplündert" und dürfen nicht verteilt werden.

IV 2 konstatiert das umgekehrte Verhältnis bei den hochhängenden Früchten.

IV 3 lehrt uns Kniffe der Armen kennen, durch die sie sich in unstatthafter Weise in den Besitz der Pea setzen wollen. Das „Daraufstreuen" verfolgt den Zweck, auch das übrige als Pea erscheinen zu lassen. Die sonst noch angegebenen Maßnahmen wollen die Pea den Blicken der anderen Berechtigten entziehen. In jedem Fall geht der Schuldige aller Ansprüche verlustig. Hier taucht zum erstenmal neben der Pea die Nachlese und die vergessene Garbe auf.

IV 4 berücksichtigt gleichfalls die Tatsache, daß der Arme in einem

שָׁלֹשׁ אַבְעָיוֹת בַּיּוֹם ‖ בַּשַּׁחַר וּבַחֲצוֹת וּבַמִּנְחָה.

רַבָּן גַּמְלִיאֵל אוֹמֵר ‖ לֹא אָמְרוּ אֶלָּא כְדֵי שֶׁלֹּא יְפַחֲתוּ. רַבִּי עֲקִיבָה
אוֹמֵר ‖ לֹא אָמְרוּ אֶלָּא כְדֵי שֶׁלֹּא יוֹסִיפוּ.

שֶׁל בֵּית נָמֵר הָיוּ מְלַקְּטִין עַל הַחֶבֶל וְנוֹתְנִין פֵּאָה מִכָּל־אוֹמָן וְאוֹמָן:

נָכְרִי שֶׁקָּצַר אֶת שָׂדֵהוּ וְאַחַר כָּךְ נִתְגַּיֵּר ‖ פָּטוּר מִן הַלֶּקֶט וּמִן הַשִּׁכְחָה
וּמִן הַפֵּאָה.
רַבִּי יְהוּדָה מְחַיֵּב בַּשִּׁכְחָה ‖ שֶׁאֵין הַשִּׁכְחָה אֶלָּא בִשְׁעַת הָעִמּוּר:

הִקְדִּישׁ קָמָה וּפָדָה קָמָה חַיָּב. עֳמָרִים וּפָדָה עֳמָרִים חַיָּב. קָמָה וּפָדָה
עֳמָרִים פְּטוּרָה ‖ שֶׁבִּשְׁעַת חוֹבָתָהּ הָיְתָה פְטוּרָה:

---

harten Kampf ums Dasein steht, der geeignet ist, sein Vorgehen ungünstig zu beeinflussen. Diese Mischna faßt die Früchte ins Auge, die sich der Arme, weil sie am Boden haften, selbst aneignet, die über dem Boden, die mit der Sichel abgeschnitten zu werden pflegen, die in der Erde, die man mit dem Grabeisen ausreißt. Die Anwendung der genannten Instrumente wird verboten, um zu verhindern, daß die Armen sie gegeneinander kehren. מַגָּל (auch IV 10) = aramäisch מַגְּלָא, syrisch ܡܓܠܐ, arabisch مِنْجَل, armenisch մանգաղ (vgl. Lagarde, Arm. Studien 2016).

IV 5a. בַּמִּנְחָה wörtlich: zur Zeit des Nachmittagsopfers. Als Grund für die Notwendigkeit dreimaliger Absuchung gibt die jerusalemische Gemara an: morgens wegen der säugenden Frauen, mittags wegen der Kinder, abends wegen der Alten.

IV 5c würde vielleicht besser in dem Abschnitt stehen, der von den verschiedenen, je eine besondere Pea bedingenden, Einheiten handelt (II 1—III 5). Es kam vor, daß das Getreide aus irgendwelchen Gründen — etwa wegen besserer Düngung — an einzelnen Stellen des Feldes bereits reif war, während die Halme im übrigen noch grün geblieben waren. Dann zog man rings um den mit reifer Frucht bestandenen Fleck eine Schnur und erntete das umgrenzte Stück ab. Dadurch erhielt das Feld ein fleckiges Aussehen wie ein Pantherfell. Daher der Name. Vgl. III 2a. Über die vielfach falsch gedeutete Stelle s. Vogel-

IV 5a Drei Absuchungen finden am Tage statt, || morgens, mittags und abends.

5b Rabban Gamliel sagt: || man hat das nur gesagt, damit man nicht weiter hinuntergehe. Rabbi Aqibha sagt: || man hat das nur gesagt, damit man nicht darüber hinaus gehe.

5c Beim Pardelfeld liest man nach der Schnur ab und gibt von jedem Stück besonders Pea.

Wer zu den Armenabgaben verpflichtet ist und wer nicht. IV 6—7.

6a Ein Nichtjude, der sein Feld mäht und hinterher Proselyt wird, || ist frei von der Nachlese, vom Vergessenen und von der Pea.

6b Rabbi Jehuda verpflichtet ihn zum Vergessenen, || weil die Verbindlichkeit dazu erst zur Zeit des Garbenbindens eintritt.

7 Wer stehendes Getreide dem Heiligtum weiht und als solches wieder auslöst, ist verpflichtet. [Wer] Garben [weiht] und als solche wieder auslöst, ist verpflichtet. [Wenn einer] stehendes Getreide [weiht] und als Garben wieder auslöst, so ist es frei, || weil es zur Zeit seiner Verpflichtung frei war.

---

stein S. 59, Krauß, Arch. II 187. 572, Zuckermandel, Tosephta, Mischna usw. II S.107f.

IV 6b. Die Entscheidung R. Jehudas hat zur Voraussetzung, daß der Betreffende nach dem Schnitt des Feldes, aber vor dem Garbenbinden übertritt. Von Pea und Nachlese ist er dann frei. Denn jene ist vom stehenden Getreide zu geben, diese darf unmittelbar nach dem Schnitt vorgenommen werden. Damals aber war er noch nicht Proselyt. Vergessene Garben dagegen kann es erst zur Zeit des Garbenbindens geben. Jetzt hat er sich den Juden angeschlossen und teilt die Verpflichtungen, denen sie unterliegen.

IV 7. Wer stehendes Getreide weiht und als solches wieder auslöst, ist zu allen am Getreide haftenden Armenleistungen verpflichtet. Da das Getreide als stehendes wieder in seinen Besitz übergegangen ist, hat er davon die Pea abzusondern, dann nach dem Schnitt die Nachlese zu gestatten, endlich die vergessenen Garben freizugeben. Nicht anders steht es, wenn er Garben weiht und wieder auslöst. Denn dann war er bereits, bevor das Getreide in den Besitz des Heiligtums kam, zu allen Abgaben verpflichtet gewesen. Empfängt das Heiligtum dagegen stehendes Getreide und gibt Garben zurück, dann war das Getreide in der Zeit, in der die Leistungen hätten vollbracht werden müssen, in seinem Besitz, und der ursprüngliche Eigentümer ist frei.

כְּיוֹצֵא בוֹ הַמַּקְדִּישׁ פֵּירוֹתָיו עַד שֶׁלֹּא בָאוּ לְעוֹנַת הַמַּעְשְׂרוֹת וּפְדָאָן חַיָּבִין. מִשֶּׁבָּאוּ לְעוֹנַת הַמַּעְשְׂרוֹת וּפְדָאָן חַיָּבִין.

הִקְדִּישָׁן עַד שֶׁלֹּא נִגְמְרוּ וּגְמָרָן הַגִּזְבָּר ‖ וְאַחַר כָּךְ פְּדָאָן פְּטוּרִין ‖ שֶׁבִּשְׁעַת חוֹבָתָן הָיוּ פְטוּרִין:

מִי שֶׁלִּקֵּט אֶת־הַפֵּאָה וְאָמַר ‖ הֲרֵי זוֹ לְאִישׁ פְּלוֹנִי עָנִי ‖ רַבִּי אֱלִיעֶזֶר אוֹמֵר זָכָה לוֹ. וַחֲכָמִים אוֹמְרִים יִתְּנֶנָּה לֶעָנִי שֶׁנִּמְצָא רִאשׁוֹן.

הַלֶּקֶט וְהַשִּׁכְחָה וְהַפֵּאָה שֶׁל נָכְרִי חַיָּב בְּמַעְשְׂרוֹת ‖ אֶלָּא אִם כֵּן הִבְקִיר:

אֵיזֶה הוּא לֶקֶט? הַנּוֹשֵׁר בִּשְׁעַת הַקְּצִירָה.

IV 8a und b. Eine Abschweifung, die von der Verpflichtung zum Zehnten handelt. Die näheren Umstände sind ganz die gleichen wie IV 7 bei der Erörterung der Verpflichtung zu den Armenabgaben. Vgl. Chal III 4.

IV 9 schließen zwei lose angefügte Bestimmungen den Abschnitt über die Pea ab. IV 9a auch Talm b Giṭ f. 11b und B meß f. 9b. Hier wird erklärt, daß es sich bei dem Streitfall zwischen R. Eliezer und den andern Gelehrten nur um die Frage handle, ob ein Besitzender für einen Armen nach eigener Wahl erwerben dürfe. Daß es ein Armer könne, sei allgemein zugestanden. In der Tat kann es sich nur um einen Besitzenden handeln; denn die Möglichkeit, daß er das Erworbene für sich selbst behält, tritt gar nicht in den Kreis der Erwägungen. Die Gelehrten gehen offenbar von der Ansicht aus, daß der Betreffende, der selber nichts in Besitz nehmen kann, auch keine Rechte auf andere zu übertragen vermag. Rechtmäßiger Besitzer ist vielmehr der erste Arme, der sich an Ort und Stelle einfindet.

Abschweifung: die Zehntpflicht unter ähnlichen Voraussetzungen wie die zuletzt ins Auge gefaßten. IV 8.

IV 8a Ebenso verhält es sich, wenn jemand seine Früchte dem Heiligtum weiht, bevor für sie die Zeit des Verzehntens gekommen ist, und er sie wieder auslöst: sie sind zehntpflichtig. [Weiht er sie], wenn die Zeit des Verzehntens bereits gekommen ist, und löst er sie wieder aus, so sind sie zehntpflichtig.

8b Weiht er sie dem Heiligtum, bevor sie [zur Abgabe des Zehnten] fertig geworden sind, und hat sie der Schatzmeister fertig gemacht, || und löst er sie nachträglich wieder aus, so sind sie frei, || weil sie zur Zeit ihrer Verpflichtung frei waren.

Sammlung der Pea für andere. IV 9a.

9a Sammelt jemand die Pea und sagt: || das ist für den und den Armen [bestimmt], || so sagt Rabbi Eliezer: er hat es für ihn erworben. [Andere] Gelehrte aber sagen: er muß es dem Armen geben, der sich zuerst einfindet.

Der Nichtjude und die Armenabgaben. IV 9b.

9b Die Nachlese, das Vergessene und die Pea des Nichtjuden sind zehntpflichtig, || es sei denn, daß er es für herrenlos erklärt hat.

B. Die Nachlese. Kap. IV 10—V 6.

Definition. IV 10.

10a Was ist Nachlese? Was bei der Ernte herabfällt.

IV 9b auch Talm b Giṭ f. 47a. Diese Mischna ist von IV 6 aus zu verstehen, wonach der Nichtjude keine Armenabgaben zu leisten braucht. Deshalb kann er auch bezüglich dessen, was auf einem jüdischen Felde derartige Abgabe wäre, nicht die Wohltat der Zehntfreiheit genießen, sondern muß den ganzen Ertrag verzehnten. Doch steht ihm zu, sein Gut für herrenlos zu erklären und damit aller Welt zur Besitzergreifung freizugeben. Tut er das, so braucht er keinen Zehnten zu entrichten.

IV 10—V 6 handelt von der Nachlese, die schon IV 3. 6. 9b gelegentlich erwähnt worden war. Die „Nachlese“ wird als Gebrauch erwähnt — freilich ohne Rücksicht auf die Armen — von M. Terentius Varro, Rerum rusticarum libri tres I 53 S. 59 5 Goetz: messi facta spicilegium venire oportet.

IV 10a definiert „Nachlese“ ganz allgemein.

הָיָה קוֹצֵר קָצַר מְלֹא יָדוֹ ‖ תָּלַשׁ מְלֹא קֻמְצוֹ ‖ הִכָּהוּ קוֹץ נָפַל מִיָּדוֹ לָאָרֶץ ‖ הֲרֵי זֶה שֶׁל בַּעַל הַבָּיִת.

תּוֹךְ הַיָּד תּוֹךְ הַמַּגָּל לָעֲנִיִּים. אַחַר הַיָּד אַחַר הַמַּגָּל לְבַעַל הַבָּיִת.

רֹאשׁ הַיָּד רֹאשׁ הַמַּגָּל רַבִּי יִשְׁמָעֵאל אוֹמֵר לָעֲנִיִּים ‖ רַבִּי עֲקִיבָה אוֹמֵר לְבַעַל הַבָּיִת:

חוֹרֵרֵי נְמָלִים שֶׁבְּתוֹךְ הַקָּמָה הֲרֵי הֵן שֶׁל בַּעַל הַבָּיִת. שֶׁלְּאַחַר הַקּוֹצְרִים הָעֶלְיוֹנִים לָעֲנִיִּים וְהַתַּחְתּוֹנִים שֶׁל בַּעַל הַבָּיִת.

רַבִּי מֵאִיר אוֹמֵר הַכֹּל לָעֲנִיִּים ‖ שֶׁסָּפֵק לֶקֶט לֶקֶט:

פֶּרֶק ה.

גָּדִישׁ שֶׁלֹּא לֻקַּט תַּחְתָּיו ‖ כָּל־הַנּוֹגְעוֹת בָּאָרֶץ הֲרֵי הוּא שֶׁל עֲנִיִּים.

וְהָרוּחַ שֶׁפִּזְּרָה אֶת־הָעֳמָרִים ‖ אוֹמְדִין אוֹתָהּ ‖ כַּמָּה לֶקֶט רְאוּיָה לַעֲשׂוֹת נוֹתֵן לָעֲנִיִּים.

רַבָּן שִׁמְעוֹן בֶּן גַּמְלִיאֵל אוֹמֵר נוֹתֵן לָעֲנִיִּים בִּכְדֵי נְפִלָּה:

IV 10b. c und d gibt ergänzend an, was das „bei der Ernte auf die Erde fallen“ bedeutet. Nach 10b muß es wirklich infolge der Handlung des Erntens zu Fall kommen, nicht aber infolge anderweitiger Einflüsse. 10c bestimmt noch genauer, was als durch die Handlung des Erntens zu Fall gekommen anzusehen sei. Nur das, was sich zwischen der Innenfläche der Hand und der Sichel befunden, man also zum Zweck des Schneidens ergriffen und abgetrennt hat.

IV 10d. Manchmal kann man zweifeln, ob die zur Erde gefallene Frucht so zu beurteilen ist oder nicht. Dann entstehen Streitfragen wie die zwischen R. Jischmael und R. Aqibha.

IV 11. Nach dem bisher als Charakteristikum der Nachlese Festgestellten muß der Inhalt der Ameisenlöcher dem Besitzer gehören. Die Tiere fressen die Halme unten ab und tragen die Körner in ihre Löcher (Krauß, Arch. II S. 183). Diese werden also nicht durch die Handlung des Erntens gefüllt. Werden die Ameisenlöcher erst ent-

IV 10b Schneidet jemand eine Handvoll ‖ [oder] pflückt er eine Faustvoll ab ‖ [und] ein Dorn sticht ihn [und] es fällt aus seiner Hand zur Erde, ‖ so gehört es dem Besitzer.

10c [Was] an der Innenseite der Hand [und] an der Innenseite der Sichel [herabfällt, gehört] den Armen. [Was] an der Rückseite der Hand [und] an der Rückseite der Sichel [herabfällt, gehört] dem Besitzer.

10d [Von dem, was] oben an der Hand [und] oben an der Sichel [herabfällt,] sagt Rabbi Jischmael: [es gehört] den Armen, ‖ Rabbi Aqibha [aber] sagt: dem Besitzer.

Nachlese in Ameisenlöchern. IV 11.

11a [Der Inhalt der] Ameisenlöcher mitten im stehenden Getreide gehört dem Besitzer. Sind sie hinter den Schnittern, [so gehört] das obere den Armen und das untere dem Besitzer.

11b Rabbi Meir sagt: alles [gehört] den Armen, ‖ weil zweifelhafte Nachlese Nachlese ist.

Sicherung des Armen gegen Schädigung bezüglich der Nachlese V 1—6.

V 1a Ist [auf dem Platz] unter einem Schober die Nachlese nicht gehalten worden, ‖ so gehört alles, was die Erde berührt, den Armen.

1b Und hat der Wind die Garben zerstreut, ‖ so schätzt man ab, ‖ wieviel Nachlese etwa [die von den zerstreuten Garben bedeckte Stelle] abgeworfen haben könnte und gibt [danach] den Armen.

1c Rabban Schimon, Sohn Gamliels, sagt: man gebe den Armen entsprechend der Saatmenge.

---

deckt, wenn die Schnitter bereits über sie hinaus gegangen sind, so gehört nicht mehr alles, was darin ist, dem Eigentümer. Denn die Ameisen hätten unterdessen wirkliche Nachlesefrucht hineinbringen können. Der Besitzer hat daher nur Anspruch auf das, was unten liegt, nach R. Meir sogar auf gar nichts, weil die betreffenden Löcher ja ganz mit Nachlesefrucht gefüllt sein könnten, zweifelhafte Nachlese jedoch als Nachlese zu betrachten sei. Vgl. Talm b Chul f. 134a. Zum Zweifelhaften s. VII 5a.

V 1b. Hat der Wind die Garben zerstreut, so darf man sie ohne Besorgnis, auch Nachlese mit aufzuraffen, wieder einsammeln. Man entschädigt dann die Armen nach Schätzung.

V 1c. Rabban Schimon ben Gamliel will, daß man bei der Bemessung der Entschädigung das Quantum des zur Verwendung gelangten Saatkorns zugrunde lege. Vgl. Talm b B meß f. 105b.

שִׁבֹּלֶת שֶׁבַּקָּצִיר וְרֹאשָׁהּ מַגִּיעַ לַקָּמָה ‖ אִם נִקְצֶרֶת עִם הַקָּמָה הֲרֵי הִיא
שֶׁל בַּעַל הַבָּיִת. וְאִם לָאו הֲרֵי הִיא שֶׁל עֲנִיִּים.

שִׁבֹּלֶת שֶׁל לֶקֶט שֶׁנִּתְעָרְבָה בַּגָּדִישׁ ‖ מְעַשֵּׂר שִׁבֹּלֶת אַחַת וְנוֹתֵן לוֹ.

אָמַר רַבִּי אֱלִיעֶזֶר וְכִי הֵיאַךְ הֶעָנִי הַזֶּה מַחֲלִיף דָּבָר שֶׁלֹּא בָא בִרְשׁוּתוֹ?
אֶלָּא מְזַכֶּה אֶת־הֶעָנִי בְּכָל־הַגָּדִישׁ ‖ וּמְעַשֵּׂר שִׁבֹּלֶת אַחַת וְנוֹתֵן לוֹ:

אֵין מְגַלְגְּלִין בְּטוֹפֵחַ ‖ דִּבְרֵי רַבִּי מֵאִיר. וַחֲכָמִים מַתִּירִין ‖ מִפְּנֵי
שֶׁאֶפְשָׁר:

בַּעַל הַבַּיִת שֶׁהָיָה עוֹבֵר מִמָּקוֹם לְמָקוֹם וְצָרִיךְ ‖ יִטּוֹל לֶקֶט שִׁכְחָה וּפֵאָה

V 2a hat in dem Zusammenhang, in dem es steht, nichts zu schaffen. Es handelt von Vergessenem, jedoch nicht von der vergessenen Garbe, von der später (V 7 ff.) ausführlicher gesprochen wird, sondern von stehendem Getreide (vgl. VI 7), wann es als vergessen anzusehen sei und somit dem Armen gehöre und wann nicht.

V 2b. Da dem Armen zehntfreies Getreide zusteht, muß die Ersatzähre von dem Besitzer verzehntet werden.

V 2c. R. Eliezer geht von der Voraussetzung aus, daß es sich nicht um einen Ersatz, sondern um ein Tauschgeschäft handelt. Ein solches aber hat zur Voraussetzung, daß beide Teile wirklich etwas besitzen. Eliezer fordert demgemäß, daß zunächst der, die dem Armen eigentlich gebührende Ähre enthaltende, Schober formell (sachliche Bedeutung hat das nicht) zum Eigentum des Armen erklärt werde. Dann kann der Austausch erfolgen.

V 3. Das אין מגלגלין בטופח wird in verschiedener Weise verstanden. Die von uns bevorzugte Übersetzung faßt טופח als Partizipialform des häufigen Verbums טפח = anfeuchten, berieseln, vgl. Krauß, Arch. II S. 167, 549 f. Natürlich ist gemäß dem Zusammenhang zu ergänzen: solange die Nachlese noch nicht gesammelt ist. Eine andere Deutung

Abschweifung: wann eine stehen gebliebene Ähre als vergessen zu betrachten ist. V 2a.

V 2a Eine Ähre, welche beim Schneiden [stehen geblieben] und deren Spitze bis zu dem noch stehenden Getreide reicht, ‖ gehört, wenn sie mit dem noch stehenden Getreide geschnitten werden kann, dem Besitzer. Und wenn nicht, dann gehört sie den Armen.

2b Ist eine Ähre aus der Nachlese in den Schober geraten, ‖ so verzehntet man eine [andere] Ähre und gibt sie ihm.

2c Rabbi Eliezer hat gesagt: wie kann denn dieser Arme etwas vertauschen, was gar nicht in seinen Besitz gekommen ist? Vielmehr muß er [der Besitzer] den Armen in Besitz des ganzen Schobers setzen, ‖ dann [erst] kann er eine [andere] Ähre verzehnten und sie ihm geben.

3 Man darf nicht mit dem Berieselungsrad [Wasser auf das Feld] treiben ‖ — Worte Rabbi Meirs. [Andere] Gelehrte jedoch erlauben es, ‖ weil es möglich ist.

Abschweifung: Bestimmungen betreffend die Stellung von Besitzenden und Armen zu den Armenabgaben und dem Zehnten. V 4—6a.

4 Ein Grundbesitzer, der von Ort zu Ort wandert und es nötig hat, ‖ mag Nachlese, Vergessenes, Pea und den Armenzehnt nehmen, ‖ und,

---

geht von der Tatsache aus, daß טוֹפַח (vgl. VI 7) die gemeine Platterbse (Lathyrus sativus) bedeutet, und findet den Sinn: „man darf die Frucht des Feldes nicht mit Platterbse (einem minderwertigen Gewächs) vermengen". Aber es erscheint doch etwas unbillig, dem Besitzer des Armen wegen vorschreiben zu wollen, was er auf seinem Feld zu pflanzen hat. Außerdem könnte die Nachlese doch ebensogut auch die bessere Art treffen. Endlich ist es höchst zweifelhaft, ob גִּלְגֵּל die Bedeutung „vermengen" haben kann. — Das „weil es möglich ist" begründet die Entscheidung der Gelehrten durch den Hinweis, daß man ja den durch die fragliche Maßnahme des Besitzers getroffenen Armen entschädigen könne.

Bevor V 6b mit der Erteilung von Vorschriften, die den Armen vor Schaden bewahren sollen, fortgefahren wird, schiebt sich V 4—6a ein Abschnitt ein, der gewisse Umstände erörtert, unter denen Besitzende und Arme im Genuß der Abgaben stehen oder zu ihnen verpflichtet resp. nicht verpflichtet sind.

V 4. Ein Besitzer (= Grundbesitzer), der auf Reisen ist und daher nicht von den Früchten seines Feldes zehren kann, darf von den Armenabgaben leben. Nach Meinung der Gelehrten ist er sogar noch nicht

וּמַעְשַׂר עָנִי ‖ וּכְשֶׁיַּחֲזוֹר לְבֵיתוֹ יְשַׁלֵּם ‖ דִּבְרֵי רַבִּי אֱלִיעֶזֶר. וַחֲכָמִים אוֹמְרִים עָנִי הָיָה בְּאוֹתָהּ שָׁעָה:

הַמַּחֲלִיף עִם הָעֲנִיִּים ‖ בְּשֶׁלּוֹ פָּטוּר וּבְשֶׁל עֲנִיִּים חַיָּב.

שְׁנַיִם שֶׁקִּבְּלוּ שָׂדֶה בַּאֲרִיסוּת ‖ זֶה נוֹתֵן לָזֶה חֶלְקוֹ מַעְשַׂר עָנִי ‖ וְזֶה נוֹתֵן לָזֶה חֶלְקוֹ מַעְשַׂר עָנִי.

הַמְקַבֵּל שָׂדֶה לִקְצֹר ‖ אָסוּר בְּלֶקֶט וּבְשִׁכְחָה וּבְפֵאָה וּבְמַעְשַׂר עָנִי.

אָמַר רַבִּי יְהוּדָה אֵימָתַי? בִּזְמַן שֶׁקִּבְּלָהּ מִמֶּנּוּ לְמֶחֱצָה לִשְׁלִישׁ וּלְרָבִיעַ ‖ אֲבָל אִם אָמַר לוֹ שְׁלִישׁ מַה־שֶּׁאַתָּה קוֹצֵר שֶׁלָּךְ ‖ מֻתָּר בְּלֶקֶט וּבְשִׁכְחָה וּבְפֵאָה וְאָסוּר בְּמַעְשַׂר עָנִי:

הַמּוֹכֵר אֶת־שָׂדֵהוּ ‖ הַמּוֹכֵר מֻתָּר וְהַלּוֹקֵחַ אָסוּר.

לֹא יִשְׂכֹּר אָדָם אֶת־הַפּוֹעֵל עַל מְנָת שֶׁיְּלַקֵּט בְּנוֹ אַחֲרָיו.

מִי שֶׁאֵינוֹ מַנִּיחַ אֶת־הָעֲנִיִּים לִלְקֹט ‖ אוֹ שֶׁהוּא מַנִּיחַ אֶת־אֶחָד וְאֶת־

---

einmal zur Rückerstattung des Genossenen nach der Heimkehr verpflichtet. Vgl. Talm b Chul f. 130b.

V 5a. Gibt jemand den Armen andere Früchte, als ihnen eigentlich gebühren, so ist das, was er infolge des Tauschgeschäftes von dem Seinigen den Armen verabreicht, zehntfrei; denn es ist jetzt Armenabgabe. Umgekehrt muß das, was ursprünglich den Armen zukam, verzehntet werden.

V 5b. Haben zwei Arme ein Feld in Pacht genommen, so sind sie zum Armenzehnt, der jeden trifft, der überhaupt etwas besitzt, verpflichtet. Aber es bleibt ihnen unbenommen sich gegenseitig den Vorteil zuzuwenden. Für die übrigen Armenabgaben muß, da sie an Grund und Boden haften, der Besitzer des Feldes aufkommen.

V 5c. Anders liegen die Verhältnisse, wenn ein Armer auf dem Felde eines Eigentümers die Arbeit des Einerntens übernimmt unter der Bedingung, daß ihm der Ertrag eines Teils des Ackers gehören soll. Dann wird er als Besitzer dieses Teils angesehen und ist von dem Genuß aller denselben betreffenden Armenleistungen ausgeschlossen.

V 5d. R. Jehuda macht einen feinen Unterschied. Jene Auffassung wenn er nach Hause zurückgekehrt ist, es bezahlen || — Worte Rabbi Eliezers. [Andere] Gelehrte aber sagen: zu eben jener Zeit war er ja ein Armer.

V 5a Wenn jemand mit den Armen tauscht, || so ist das Seinige zehntfrei, das der Armen aber verpflichtet.

5b Haben zwei [Arme] ein Feld in Pacht genommen, || so kann dieser jenem seinen Anteil Armenzehnt geben, || und jener kann diesem seinen Anteil Armenzehnt geben.

5c Übernimmt jemand [d. h. ein Armer] ein Feld zum Schneiden, || so ist ihm Nachlese, Vergessenes, Pea und Armenzehnt verboten.

5d Rabbi Jehuda hat gesagt: wann? [Nur] dann, wenn er es von ihm übernommen hat gegen die Hälfte oder ein Drittel oder ein Viertel; || hat er [der Besitzer] jedoch zu ihm gesagt: ein Drittel von dem, was du schneidest, gehört dir, || so ist ihm Nachlese, Vergessenes und Pea gestattet, Armenzehnt dagegen verboten.

6a Verkauft jemand sein Feld, || so ist es [d. h. der Genuß der Armenabgaben] dem Verkäufer erlaubt, dem Käufer aber verboten.

6b Niemand darf einen Arbeiter mieten auf Grund der Bedingung, daß dessen Sohn hinter ihm her Nachlese halte.

6c Wer die Armen nicht Nachlese halten läßt || oder den einen läßt und

---

der Sachlage soll nur zu Recht bestehen, wenn der Arme durch die Abmachung ganz allgemein in den Besitz eines bestimmten Teils des Feldes gesetzt worden ist. Gebraucht der Besitzer dagegen die Wendung: „ein Drittel (beispielsweise) von dem, was du schneidest“, dann liegt die Sache anders. Denn damit ist gesagt, daß der ausgemachte Getreideanteil erst nach Erledigung des Erntegeschäftes Eigentum des Armen werden soll. Dann jedoch befand er sich zu der Zeit, als Nachlese, Vergessenes und Pea fällig wurden, gar nicht in dessen Besitz; ein Verbot für ihn, diese Armenabgaben zu genießen, erscheint also ungerechtfertigt.

V 6b. Die Erlaubnis, sein Sohn dürfe unmittelbar hinter ihm Nachlese halten, würde den Arbeiter veranlassen, weniger Lohn zu fordern, d. h. der Besitzer bezahlt die Leistung des Taglöhners teilweise mit dem, was den Armen zusteht.

V 6c. Der Eigentümer soll die Armen ohne jede Einmischung seinerseits der Nachlese sich bemächtigen lassen. Das Schriftzitat kommt VII 3 wieder vor. Es ist aus Prov 22 28 genommen. Doch lautet es dort statt עולִים vielmehr עולָם (s. den textkritischen Apparat). Was die Veränderung des biblischen Wortlautes in der Mischna bezweckt, ist nach

אֶחָד לֹא ‖ אוֹ שֶׁהוּא מְסַיֵּעַ אֶת־אֶחָד מֵהֶן ‖ הֲרֵי זֶה גוֹזֵל אֶת־הָעֲנִיִּים. עַל
זֶה נֶאֱמַר אַל־תַּסֵּג גְּבוּל עוֹלִים:

הָעוֹמֶר שֶׁשְּׁכָחוּהוּ פוֹעֲלִים וְלֹא שְׁכָחוֹ בַּעַל הַבַּיִת ‖ שְׁכָחוֹ בַּעַל הַבַּיִת
וְלֹא שְׁכָחוּהוּ פוֹעֲלִים ‖ עָמְדוּ עֲנִיִּים בְּפָנָיו אוֹ שֶׁחִפּוּהוּ בְקַשׁ ‖ הֲרֵי זֶה
אֵינוֹ שִׁכְחָה:

הַמְעַמֵּר לְכוֹבָעוֹת וּלְכָמְסָאוֹת לַחֲרָרָה וְלָעֳמָרִים ‖ אֵין לוֹ שִׁכְחָה. מִמֶּנּוּ
וְלַגּוֹרֶן יֵשׁ לוֹ שִׁכְחָה.
הַמְעַמֵּר לְגָדִישׁ יֵשׁ לוֹ שִׁכְחָה. מִמֶּנּוּ וְלַגּוֹרֶן אֵין לוֹ שִׁכְחָה.

זֶה הַכְּלָל ‖ כָּל־הַמְעַמֵּר לְמָקוֹם שֶׁהוּא גְמַר מְלָאכָה יֵשׁ לוֹ שִׁכְחָה.
מִמֶּנּוּ וְלַגּוֹרֶן אֵין לוֹ שִׁכְחָה. לְמָקוֹם שֶׁאֵינוֹ גְמַר מְלָאכָה אֵין לוֹ שִׁכְחָה ‖
מִמֶּנּוּ וְלַגּוֹרֶן יֵשׁ לוֹ שִׁכְחָה:

G. Aicher, Das AT in der Mischna (= Biblische Studien XI 4) 1906 S. 100 4 dunkel. Schon die alten Autoritäten haben verschiedene Deutungen vorgetragen. R. Jeremia (Talm j f. 19a) versteht unter den עולים „die von Ägypten Heraufgezogenen“, was bei Maimonides ed. Herzog S. 25 noch weiter ausgeführt wird: es handele sich um das Verrücken der Grenzen der Gebote, die Gott den aus Ägypten Fortgezogenen gegeben hat. Eine andere Auslegung, als deren Urheber die jerusalemische Gemara (a. a. O.) den R. Josef nennt, sieht in den עולים „die in ihrem Vermögen Heruntergekommenen“. Es soll ein Euphemismus sein, wie man auch einen Blinden einen Erleuchteten nenne.

V 7. Die betrügerischen Manipulationen der Armen erinnern an IV 3.

V 8a. כּוֹבַע, eine hohe Kopfbedeckung, dann der Helm und der Plural mit Femininendung כּוֹבָעוֹת die helmartig aufgeschichteten Getreidehaufen.

den andern nicht || oder dem einen von ihnen hilft, || der beraubt die Armen. Von ihm heißt es: „Du sollst die Grenze der Heraufgekommenen nicht verrücken.“

C. Das Vergessene. Kap. V 7—VII 2.

Wann es Vergessenes gibt und wann nicht. Gesichtspunkte, die dabei maßgebend sind.

a) Die Garben müssen vom Besitzer wie seinen Organen vergessen und dürfen von den Armen nicht künstlich in Vergessenheit gebracht sein. V 7.

V 7 Die Garbe, welche die Arbeiter vergessen haben, der Besitzer aber nicht vergessen hat, || oder die der Besitzer vergessen hat, die Arbeiter aber nicht vergessen haben, || oder vor die die Armen sich gestellt oder die sie mit Stroh bedeckt haben, || ist kein Vergessenes.

b) Vergessenes gibt es nur beim Transport der Garben an den Ort, wo die Arbeit an ihnen abgeschlossen wird. V 8.

8a Wenn man Garben sammelt zu helmartigen Gebilden oder zu Bündeln, zu einem Kuchen oder zu [größeren] Garben, || so gibt es kein Vergessenes. [Beim Transport] von da nach der Tenne gibt es Vergessenes.

8b Wenn man Garben zum Schober sammelt, gibt es Vergessenes. [Beim Transport] von da nach der Tenne gibt es kein Vergessenes.

8c Dies gilt als Regel: || immer, wenn man Garben an einen Ort sammelt, wo die Arbeit zu Ende kommt, gibt es Vergessenes; [beim Transport] von da nach der Tenne gibt es kein Vergessenes. [Sammelt man Garben] an einen Ort, wo die Arbeit nicht zu Ende kommt, gibt es kein Vergessenes; || [beim Transport] von da zur Tenne gibt es Vergessenes.

כְּמָסָאוֹת von griechisch κώμυς, Bündel (vgl. M. Sachs, Beiträge zur Sprach- und Altertumsforschung II 1854 S. 184; S. Krauß, Lehnwörter II S. 283 und Archäologie II S. 188). Wie sich diese Bündel von anderen unterscheiden, bleibt freilich dunkel.

V 8b. Der „Schober“ entsteht, wenn man von dem Errichten von Garbenhaufen absieht und die einzelnen Garben zum sofortigen Transport zur Tenne aufschichtet (Krauß, Arch. II S. 188). Mit der Herstellung eines solchen Schobers galt die Sammelarbeit für abgeschlossen. Wurden dagegen zunächst einzelne Garbenhaufen hergestellt, so fanden sich die Garben erst in der Tenne alle zusammen. Die Sammelarbeit ging also erst dort zu Ende. Die V 8c formulierte Regel motiviert die verschiedenartige Behandlung der beiden Fälle.

פֶּרֶק ו.

בֵּית שַׁמַּי אוֹמְרִים הֶבְקֵר לָעֲנִיִּים הֶבְקֵר ‖ וּבֵית הִלֵּל אוֹמְרִים אֵינוֹ הֶבְקֵר עַד שֶׁיֻּבְקַר אַף לָעֲשִׁירִים כַּשְּׁמִטָּה.

כָּל־עָמְרֵי הַשָּׂדֶה שֶׁל קַב וְקַב וְאֶחָד שֶׁל אַרְבַּעַת קַבִּים וּשְׁכָחוֹ ‖ בֵּית שַׁמַּי אוֹמְרִים אֵינוֹ שִׁכְחָה ‖ וּבֵית הִלֵּל אוֹמְרִים שִׁכְחָה:

הָעוֹמֶר שֶׁהוּא סָמוּךְ לַגָּפָה וְלַגָּדִישׁ וְלַבָּקָר וְלַכֵּלִים וּשְׁכָחוֹ ‖ בֵּית שַׁמַּי אוֹמְרִים אֵינוֹ שִׁכְחָה ‖ וּבֵית הִלֵּל אוֹמְרִים שִׁכְחָה:

רָאשֵׁי שׁוּרוֹת הָעוֹמֶר שֶׁכְּנֶגְדּוֹ מוֹכִיחַ.
הָעוֹמֶר שֶׁהֶחֱזִיק בּוֹ לְהוֹלִיכוֹ לָעִיר וּשְׁכָחוֹ ‖ מוֹדִים שֶׁאֵינוֹ שִׁכְחָה:

אֵלּוּ הֵן רָאשֵׁי שׁוּרוֹת ‖ שְׁנַיִם שֶׁהִתְחִילוּ מֵאֶמְצַע הַשּׁוּרָה ‖ זֶה פָּנָיו

VI 1a. Die von Freigut handelnde Abschweifung erklärt sich an unserer Stelle wohl daraus, daß auch das Folgende Auseinandersetzungen der Schulen Hillels und Schammais bringt. VI 1a wörtlich im Talm b B meß f. 30b. VI 1. 2 = Edu IV 3. 4.

VI 1b. Über das Qab s. die Erklärung zu III 6. Die Schule Schammais hält es für ausgeschlossen, daß man die einzige besonders große Garbe wirklich vergessen könne.

VI 2. Ebenso beurteilt sie die Garben, die eine irgendwie eigentümliche, von Menschen herbeigeführte Lage oder Stellung haben. Dagegen stimmen die Schulen VI 3b überein. VI 3a, das sich zunächst davor schiebt, gehört mit VI 4 zusammen (s. Tos III 7).

VI 3a VI 4. Der Sinn dieser Ausführungen ist mir nicht ganz klar geworden, trotz der verschiedenartigen Deutungsversuche, die ihnen seit alters gewidmet worden sind. Die Bemerkung 3a scheint zur Voraus-

Abschweifung: vom Freigut. VI 1 a.

VI 1 a Die Schule Schammais sagt: was für die Armen freigegeben ist, ist Freigut; || die Schule Hillels aber sagt: es ist erst Freigut, wenn es auch für die Reichen freigegeben worden ist wie im Erlaßjahr.

c) Ob unterscheidende Größe und Lage der Garbe oder der Umstand, daß sie bereits zum Transport nach der Stadt aufgehoben war, es ausschließen, daß sie Vergessenes wird. VI 1 b—3.

1 b Enthalten alle Garben des Feldes ein Qab und eine vier Qab und man vergißt diese, || so sagt die Schule Schammais: sie ist kein Vergessenes, || die Schule Hillels aber sagt: [sie ist] Vergessenes.

2 Ist eine Garbe angelehnt an einen Steinhaufen oder an einen Schober oder an ein Rind oder an Ackergerät, und man vergißt sie, || so sagt die Schule Schammais: sie ist kein Vergessenes, || die Schule Hillels aber sagt: [sie ist] Vergessenes.

Von VI 4 abgesprengtes Stück: die Reihenanfänge. VI 3 a.

3 a Die Reihenanfänge zeigt die gegenüberliegende Garbe an.

3 b Bei einer Garbe, die man ergriffen hat, um sie in die Stadt zu bringen, und die man [dann doch] vergessen hat, || herrscht Übereinstimmung, daß sie kein Vergessenes ist.

d) Was beim Absuchen durch Reihen hin gilt. VI 4 a—b.

4 a Mit den Anfängen der Reihen verhält es sich so: || wenn zwei in der Mitte der Reihe beginnen, || der eine in der Richtung nach Norden,

---

setzung zu haben, daß die Reihen streng symmetrisch nebeneinanderherliefen. Auch die Anfangsgarbe der Reihe muß daher ein Gegenüber haben. Was sich etwa noch vor ihr befand, wurde nicht zur Reihe gerechnet. Nachdem VI 4 den Begriff רָאשֵׁי שׁוּרוֹת wieder aufgenommen hat, erwarten wir von Leuten zu hören, die sich mit dem Reihenanfang beschäftigen. Aber VI 4 a führt uns gerade solche vor, die in der Mitte der Reihe die Arbeit aufnehmen, ohne daß von ihnen gesagt wird, sie drängen bis zum Anfang vor. Erst 4 b erscheint der Reihenanfang wieder. Dieser Passus für sich genommen wäre wohl verständlich. Vergißt der Sammler etwas, was vor, und etwas, was hinter ihm liegt, so ist nur das letztere Vergessenes, weil er, um es zu holen, zurückkehren und das Verbot Dtn 24 19 verletzen müßte. Aber offenbar kann man das לִפְנֵיהֶם וּלְאַחֲרֵיהֶם von 4 a nicht ebenso verstehen, wie das לְפָנָיו

לַצָּפוֹן וְזֶה פָּנָיו לַדָּרוֹם ‖ שָׁכְחוּ לִפְנֵיהֶם וּלְאַחֲרֵיהֶם ‖ שֶׁלִּפְנֵיהֶם שִׁכְחָה
וְשֶׁלְּאַחֲרֵיהֶם אֵינוֹ שִׁכְחָה.

יָחִיד שֶׁהִתְחִיל מֵרֹאשׁ הַשּׁוּרָה וְשָׁכַח לְפָנָיו וּלְאַחֲרָיו ‖ שֶׁלְּפָנָיו אֵינוֹ
שִׁכְחָה וְשֶׁלְּאַחֲרָיו שִׁכְחָה ‖ מִפְּנֵי שֶׁהוּא בְּבַל תָּשׁוּב. זֶה הַכְּלָל ‖ כָּל־שֶׁהוּא
בַּל תָּשׁוּב שִׁכְחָה ‖ וְכָל־שֶׁאֵינוֹ בַּל תָּשׁוּב אֵינוֹ שִׁכְחָה:

שְׁנֵי עֳמָרִים שִׁכְחָה ‖ וּשְׁלֹשָׁה אֵינָן שִׁכְחָה. שְׁנֵי צִבּוּרֵי זֵתִים וְהֶחָרוּבִין
שִׁכְחָה ‖ וּשְׁלֹשָׁה אֵינָן שִׁכְחָה. שְׁנֵי הוּצְנֵי פִשְׁתָּן שִׁכְחָה ‖ וּשְׁלֹשָׁה אֵינָן
שִׁכְחָה.
שְׁנֵי גַרְגְּרִים פֶּרֶט ‖ וּשְׁלֹשָׁה אֵינָן פֶּרֶט. שְׁתֵּי שִׁבֳּלִים לֶקֶט ‖ וְשָׁלוֹשׁ
אֵינָן לֶקֶט.
אֵלּוּ כְדִבְרֵי בֵית הִלֵּל. וְעַל כֻּלָּם בֵּית שַׁמַּי אוֹמְרִים ‖ שְׁלֹשָׁה לָעֲנִיִּים
וְאַרְבָּעָה לְבַעַל הַבָּיִת:

הָעוֹמֶר שֶׁיֵּשׁ בּוֹ סָאתַיִם וּשְׁכָחוֹ ‖ אֵינוֹ שִׁכְחָה.

וּלְאַחֲרָיו 4 b. Denn dort soll gerade שֶׁלִּפְנֵיהֶם Vergessenes sein und das andere nicht. Man möchte also hier übersetzen: „und sie vergessen etwas von dem, was (bei Beginn ihrer Arbeit) vor ihnen und hinter ihnen gelegen hatte.“ An jenem sind sie vorbeigegangen, ohne es aufzuheben, sie müßten umkehren, um sich in seinen Besitz zu setzen; es ist also Vergessenes. Dieses ist anders zu beurteilen, weil bezüglich dessen, was hinter seinem Rücken lag, sich jeder auf seinen Genossen verlassen haben kann, er es also nicht vergessen zu haben braucht. Aber ist solche Verschiedenheit der Übersetzung statthaft? Oder ist die Zwangslage, in der man sich an unserer Stelle zu befinden scheint, ein Beweis dafür, daß der Zusammenhang nicht ursprünglich ist?

VI 6—7. Über die Sea s. zu III 6.

VI 6a. Daß eine Garbe, die zwei Sea enthält, auch wenn sie verder andere in der Richtung nach Süden, || und sie vergessen [etwas von dem, was] vor ihnen und hinter ihnen [gelegen hatte], || so ist das, was vor ihnen [gelegen hatte], Vergessenes, was aber hinter ihnen [gelegen hatte], ist kein Vergessenes.

VI 4b Wenn ein einzelner am Anfang der Reihe beginnt, und er vergißt [etwas von dem, was] vor ihm und hinter ihm [liegt], || so ist das, was vor ihm [liegen blieb], kein Vergessenes, das aber, was hinter ihm [liegen blieb], ist Vergessenes, || weil hier das Verbot: „Du sollst nicht zurückkehren" in Kraft tritt. Dies ist die Regel: || alles, was dem Verbot „Du sollst nicht zurückkehren" unterliegt, ist Vergessenes, || und alles, was nicht dem Verbot „Du sollst nicht zurückkehren" unterliegt, ist kein Vergessenes.

e) Die Größe des Gegenstandes ist beim Vergessenen wie bei den anderen Armenabgaben maßgebend. VI 5—7.

5a Zwei Garben sind Vergessenes, || aber drei Garben sind kein Vergessenes. Zwei Haufen Oliven oder Johannisbrot sind Vergessenes, || aber drei sind kein Vergessenes. Zwei Flachsstengel sind Vergessenes, || aber drei sind kein Vergessenes.

5b Zwei Beeren sind Abfall, || aber drei sind kein Abfall. Zwei Ähren sind Nachlese, || aber drei sind keine Nachlese.

5c Dies entspricht der Ansicht der Schule Hillels. Die Schule Schammais aber sagt über alle diese Dinge: || drei gehören [noch] den Armen, aber vier dem Besitzer.

6a Eine Garbe, die zwei Sea enthält und die man vergißt, || ist kein Vergessenes.

---

gessen wird, wegen ihrer Größe nicht Vergessenes ist, gilt allgemein. Verteilt sich der Inhalt von zwei Sea jedoch auf zwei Garben, so entsteht ein Fall, der nicht ebenso einhellig entschieden wird. R. Gamliel sagt auch hier: „kein Vergessenes", jedoch unter dem Widerspruch anderer Gelehrter. R. Gamliel verteidigt sich von der unbestreitbaren Tatsache aus, daß eine erhöhte Zahl vergessener Garben die Position des Eigentümers verbessere (vgl. VI 5a). Daraus zieht er den Schluß (zu דין vgl. W. Bacher, Die exegetische Terminologie der jüdischen Traditionsliteratur I 1905 S. 21—23), daß, wenn die beiden Sea in zwei Garben enthalten sind, dies für den Besitzer nicht ungünstiger sein kann, als wenn es nur eine Garbe ist. Die Gamliel bekämpfenden Gelehrten dagegen erklären die Größe der Garbe für das Entscheidende.

שְׁנֵי עֳמָרִים וּבָהֶם סָאתַיִם ‖ רַבָּן גַּמְלִיאֵל אוֹמֵר לְבַעַל הַבַּיִת ‖ וַחֲכָמִים אוֹמְרִים לָעֲנִיִּים. אָמַר רַבָּן גַּמְלִיאֵל ‖ וְכִי מֵרוֹב הָעֳמָרִים יִפִּי כֹחַ שֶׁל בַּעַל הַבַּיִת אוֹ הוֹרַע כֹּחַ? אָמְרוּ לוֹ ‖ יִפִּי כֹחַ. אָמַר לָהֶם מָה אִם בִּזְמָן שֶׁהוּא עוֹמֶר אֶחָד וּבוֹ סָאתַיִם וּשְׁכָחוֹ אֵינוֹ שִׁכְחָה ‖ שְׁנֵי עֳמָרִים וּבָהֶם סָאתַיִם אֵינוֹ דִין שֶׁלֹּא יְהוּ שִׁכְחָה? אָמְרוּ לוֹ ‖ לֹא אִם אָמַרְתָּ בְּעוֹמֶר אֶחָד שֶׁהוּא כְגָדִישׁ ‖ תֹּאמַר בִּשְׁנֵי עֳמָרִים שֶׁהֵן כִּכְרִיכוֹת:

קָמָה שֶׁיֵּשׁ בָּהּ סָאתַיִם וּשְׁכָחָהּ אֵינָהּ שִׁכְחָה. אֵין בָּהּ סָאתַיִם ‖ אִם רְאוּיָה הִיא לַעֲשׂוֹת סָאתַיִם ‖ אֲפִלּוּ הִיא שֶׁל טוֹפַח ‖ רוֹאִים אוֹתָהּ כְּאִלּוּ הִיא עֲנָוָה שֶׁל שְׂעֹרִים:

הַקָּמָה מַצֶּלֶת אֶת־הָעוֹמֶר וְאֶת־הַקָּמָה. הָעוֹמֶר אֵינוֹ מַצִּיל לֹא אֶת־הָעוֹמֶר וְלֹא אֶת־הַקָּמָה.
אֵיזוֹ הִיא הַקָּמָה שֶׁהִיא מַצֶּלֶת אֶת־הָעוֹמֶר? כָּל־שֶׁאֵינָהּ שִׁכְחָה אֲפִלּוּ קֶלַח אֶחָד:

סְאָה תְבוּאָה עֲקוּרָה וּסְאָה שֶׁאֵינָהּ עֲקוּרָה ‖ וְכֵן בְּאִילָן הַשּׁוּם וְהַבְּצָלִים ‖ אֵינָן מִצְטָרְפִין.

Eine Garbe, die so umfangreich ist, daß sie wie ein Schober anmutet, wird auch als solcher behandelt, kann also keine vergessene Garbe sein. Fällt der gleiche Inhalt dagegen in zwei Garben auseinander, so entstehen wirkliche Garben, die in einer Zahl bis zu zwei nach VI 5a den Armen gehören.

VI 6b. Zu יִפִּי vgl. **Albrecht**, Gramm. S. 132. Doch s. auch **Krauß**, ZDMG 1913 S. 732.

VI 7. Ein Inhalt von zwei Sea rettet auch stehendes Getreide, das man vergessen hat, davor, Vergessenes zu werden. Über טוֹפַח s. zu V 3 und J. **Löw**, Aramäische Pflanzennamen 1881 S. 127. „Es wie gutes Gerstenkorn ansehen" bedeutet: es nicht den Armen als Vergessenes überlassen.

VI 6b Von zwei Garben, die zwei Sea enthalten, || sagt Rabban Gamliel: sie gehören dem Besitzer; || [andere] Gelehrte aber sagen: [sie gehören] den Armen. Rabban Gamliel hat eingewendet: || wird durch eine Mehrzahl von Garben die Lage des Besitzers verbessert, oder wird die Lage verschlechtert? Sie sagten ihm: die Lage wird verbessert. Darauf sagte er zu ihnen: wenn nun eine Garbe von zwei Sea, die man vergessen hat, kein Vergessenes ist, || sollte es dann nicht logischerweise auch von zwei Garben, die [zusammen] zwei Sea enthalten, gelten, daß sie kein Vergessenes sind? Sie sagten zu ihm: || was du von einer Garbe sagst, die wie ein Schober [anzusehen ist], || kannst du nicht von zwei Garben sagen, die wie Bündel [anzusehen sind].

7 Stehendes Getreide, das zwei Sea enthält und das man vergißt, ist kein Vergessenes. Enthält es [noch] keine zwei Sea, || steht aber zu erwarten, daß es zwei Sea bringen wird, || so betrachtet man es, auch wenn es wie Platterbse [aussieht], so als wenn es [gutes] Gerstenkorn wäre.

f) Nicht vergessenes stehendes Getreide rettet Garbe und stehendes Getreide davor, Vergessenes zu werden. VI 8.

8a Das stehende Getreide rettet die Garbe und das stehende Getreide. Die Garbe rettet weder die Garbe noch das stehende Getreide.

8b Was für stehendes Getreide rettet die Garbe? Alles, was selbst kein Vergessenes ist, auch wenn es nur ein Stengel wäre.

g) Ob man die Größe durch Zusammenlegen beeinflussen darf. (Rückkehr zu e, spez. VI 6. 7) VI 9.

9a Eine Sea ausgerissenes Getreide und eine Sea nicht ausgerissenes || — und gleiches gilt bei den Bäumen, dem Knoblauch und den Zwiebeln — || werden nicht zusammengelegt.

VI 9. Zum „Ausreißen" des Getreides s. Krauß, Arch. II S. 186 f. Das Verbum עָקַר ist an unserer Stelle wohl gewählt im Hinblick auf den Knoblauch und die Zwiebeln. Zu diesen beiden Gewächsen paßt der Ausdruck vorzüglich. Doch kann er zur Not auch das Abpflücken von Baumfrüchten und das Abernten von Getreide bezeichnen. Denn nur darauf kommt es an, daß die eine Hälfte der Früchte schon geerntet ist, die andere noch nicht. Der Modus, wie es geschieht, ist gleichgültig. Die Frage ist die, ob man je eine Sea geernteter und nichtgeernteter Frucht zu einer Einheit von der Größe zusammenlegen darf, die nach VI 6—7 sie davor bewahrt, auch wenn sie vergessen ist, Vergessenes zu werden.

רַבִּי יוֹסֵי אוֹמֵר ‖ אִם בָּאת רְשׁוּת הֶעָנִי בָּאֶמְצַע אֵינָן מִצְטָרְפִין ‖ וְאִם לָאו הֲרֵי אֵלּוּ מִצְטָרְפִין׃

תְּבוּאָה שֶׁנְּתָנָהּ לְשַׁחַת אוֹ לַאֲלֻמָּה ‖ וְכֵן בָּאֲגוּדֵי הַשּׁוּם וַאֲגֻדּוֹת הַשּׁוּם וְהַבְּצָלִים ‖ אֵין לָהֶם שִׁכְחָה.

כָּל־טְמוּנִים בָּאָרֶץ כְּגוֹן הַלּוּף הַשּׁוּם וְהַבְּצָלִים ‖ רַבִּי יְהוּדָה אוֹמֵר אֵין לָהֶם שִׁכְחָה. וַחֲכָמִים אוֹמְרִים יֵשׁ לָהֶם שִׁכְחָה׃

הַקּוֹצֵר בַּלַּיְלָה וְהַמְעַמֵּר וְהַסּוּמָא ‖ יֵשׁ לוֹ שִׁכְחָה.

אִם הָיָה מִתְכַּוֵּין לִטּוֹל אֶת־הַגַּס הַגַּס ‖ אֵין לוֹ שִׁכְחָה.

אִם אָמַר הֲרֵי אֲנִי קוֹצֵר עַל מְנָת מַה־שֶּׁאֲנִי שׁוֹכֵחַ אֲנִי אֶטּוֹל ‖ יֵשׁ לוֹ שִׁכְחָה׃

פֶּרֶק ז.

כָּל־זַיִת שֶׁיֵּשׁ לוֹ שֵׁם בַּשָּׂדֶה כְּזֵית הַנְּטוֹפָה בְשָׁעָתוֹ וּשְׁכָחוֹ אֵינוֹ שִׁכְחָה.

בְּמָה דְבָרִים אֲמוּרִים? בִּשְׁמוֹ וּבְמַעֲשָׂיו וּבִמְקוֹמוֹ. בִּשְׁמוֹ שֶׁהָיָה שִׁפְכוֹנִי אוֹ בֵישָׁנִי ‖ בְּמַעֲשָׂיו שֶׁהוּא עוֹשֶׂה הַרְבֵּה ‖ בִּמְקוֹמוֹ שֶׁהוּא עוֹמֵד בְּצַד הַגַּת אוֹ בְצַד הַפִּרְצָה.

VI 10 a. Diese Anordnung gründet sich darauf, daß es Dtn 24 19 heißt: „Wenn du auf deinem Feld deine Ernte hältst“. Der Gebrauch zu den ins Auge gefaßten Zwecken hat aber keine „Ernte“ zur Voraussetzung.

VI 10 b. R. Jehuda ist zu seiner Entscheidung offenbar durch die Erwägung veranlaßt, daß die in der Erde steckenden Gewächse schwer zu finden und daher allzuleicht zu vergessen seien. Andere Gelehrte jedoch lehnen das ab, und ihrer Auffassung entspricht auch der Inhalt von VI 11 a.

VII 1 a. נְטוֹפָה ist ein Ortsname (Esr 2 22 Neh 7 26). Doch findet sich bereits in der jerusalemischen Gemara eine andere Deutung des Wortes, die auf das Verbum נָטַף, tropfen, zurückgeht. Es soll sich um einen

VI 9b Rabbi Jose sagt: [nur] wenn etwas den Armen Zustehendes zwischenhinein kommt, können sie nicht zusammengelegt werden, || andernfalls können sie zusammengelegt werden.

h) Besondere Verhältnisse. VI 10—11.

10a Bei Getreide, das als Grünfutter oder zum Garbenbinden gebraucht wird || — und gleiches gilt bei Stengeln zum Zusammenbinden von Knoblauch, Knoblauchbündeln und Zwiebeln — || gibt es kein Vergessenes.

10b Bei allem, was in der Erde verborgen ist, wie Arum, Knoblauch und Zwiebeln, || sagt Rabbi Jehuda, gibt es kein Vergessenes. [Andere] Gelehrte aber sagen: es gibt hierbei Vergessenes.

11a Bei einem, der nachts schneidet und Garben bindet, und bei einem Blinden gibt es Vergessenes.

11b Beabsichtigt jemand, immer nur die großen [Garben] aufzulesen, || so gibt es kein Vergessenes.

11c Sagt jemand: ich schneide mit der Bedingung, das, was ich vergesse, aufzulesen, || so gibt es [gleichwohl] Vergessenes.

i) Vergessenes beim Ölbaum. VII 1—2.

VII 1a. Jeder Ölbaum, der auf dem Feld einen besonderen Namen führt, wie der Netopha-Ölbaum seiner Zeit || und den man vergißt, ist kein Vergessenes.

1b Worauf bezieht sich dies? Auf seinen Namen, auf seine Leistungen und auf seinen Standort. Auf seinen Namen, wenn er Vollsaftiger oder Saftloser heißt, || auf seine Leistungen, wenn er viel trägt, || auf seinen Standort, wenn er neben einer Kelter oder neben einem Mauerriß steht.

Baum handeln, aus dessen Früchten das Öl zu einer gewissen Zeit stark herabtrieft. Zur Punktation von בְּשָׁעָתוֹ vgl. Gesenius-Buhl, Handwörterbuch s. v. שָׁעָה.

VII 1b dehnt die Merkmale, die einen Baum so auszeichnen können, daß es bei ihm kein Vergessenes gibt, vom Namen auf Leistung und Standort aus und belegt das mit Beispielen. Die oben gegebene Übersetzung von שַׁפכוני und בישני ist nur ein Notbehelf, für dessen relative Berechtigung ich auf die Wörterbücher verweise. Vielleicht handelt es sich auch hier um Ortsnamen. בֵּישָׁנִי jedenfalls kann der Einwohner von Beth-Schean (Skythopolis) sein.

וּשְׁאָר כָּל־הַזֵּתִים שְׁנַיִם שִׁכְחָה שְׁלֹשָׁה אֵינָן שִׁכְחָה.
רַבִּי יוֹסֵי אוֹמֵר אֵין שִׁכְחָה לַזֵּתִים:

זַיִת שֶׁנִּמְצָא עוֹמֵד בֵּין שָׁלֹשׁ שׁוּרוֹת שֶׁלִּשְׁנֵי מַלְבֵּנִים וּשְׁכָחוֹ ‖ אֵינוֹ שִׁכְחָה.
זַיִת שֶׁיֵּשׁ בּוֹ סָאתַיִם וּשְׁכָחוֹ ‖ אֵינוֹ שִׁכְחָה.

בַּמֶּה דְבָרִים אֲמוּרִים? בִּזְמַן שֶׁלֹּא הִתְחִילוּ בוֹ ‖ אֲבָל אִם הִתְחִילוּ בוֹ ‖ אֲפִלּוּ כְזַיִת הַנְּטוֹפָה בְשַׁעְתּוֹ ‖ וּשְׁכָחוֹ יֵשׁ לוֹ שִׁכְחָה.

כָּל־זְמַן שֶׁיֵּשׁ לוֹ תַחְתָּיו ‖ יֵשׁ לוֹ בְרֹאשׁוֹ.
רַבִּי מֵאִיר אוֹמֵר מִשֶּׁתִּתְהַלֵּךְ הַמַּחֲבֵא:

אֵיזֶהוּ פֶרֶט? הַנּוֹשֵׁר בְּשָׁעַת הַבְּצִירָה.
הָיָה בוֹצֵר עָקַץ אֶת־הָאֶשְׁכּוֹל ‖ הִסְבַּךְ בֶּעָלִים נָפַל לָאָרֶץ וְנִפְרַט ‖ הֲרֵי הוּא שֶׁל בַּעַל הַבָּיִת.
הַמַּנִּיחַ כַּלְכַּלָּה תַחַת הַגֶּפֶן בְּשָׁעָה שֶׁהוּא בוֹצֵר ‖ הֲרֵי זֶה גוֹזֵל אֶת־הָעֲנִיִּים. עַל זֶה נֶאֱמַר ‖ אַל־תַּסֵּג גְּבוּל עוֹלִים:

VII 1c. Die Zahlen 2 und 3 wie VI 5.

VII 1d. Zu der Entscheidung R. Joses erklärt R. Schimon ben Jakim (= Eljakim, vgl. Bacher, Die Agada der palästinensischen Amoräer I 1892 S. 422[1]), sie sei nur für die damalige Zeit bestimmt gewesen, als der gottlose Hadrian das ganze Land verwüstet hatte und es nur wenige Ölbäume gab (Talm j f. 20 a).

VII 2a. Ein solcher Ölbaum kann wegen seiner gedeckten Lage allzuleicht übersehen werden.

VII 2b. Die zwei Sea wie VI 6. 7. 9.

VII 2c bezieht sich nicht nur auf den Fall VII 2b, sondern, wie das Wiederauftauchen des Netopha-Ölbaums zeigt, auf alle Bäume, von denen bisher gesagt war, es gäbe bei ihnen kein Vergessenes. Das hat zur Voraussetzung, daß man noch nicht mit dem Ablesen der Früchte begonnen hat. Vgl. Talm j f. 20 a.

VII 1c Bei allen übrigen Ölbäumen aber sind zwei Vergessenes, drei sind kein Vergessenes.

1d Rabbi Jose sagt: bei den Ölbäumen gibt es [überhaupt] kein Vergessenes.

2a Ein Ölbaum, dessen Standort sich zwischen drei Reihen zu je zwei Beeten befindet und den man vergißt, || ist kein Vergessenes.

2b Ein Ölbaum, der zwei Sea trägt und den man vergißt, || ist kein Vergessenes.

2c Worauf bezieht sich dies? Auf die Zeit, da man an ihm [noch] nicht [mit dem Abernten] begonnen hatte; || hatte man jedoch an ihm begonnen, || und wäre er wie der Netopha-Ölbaum seiner Zeit, || und man vergißt ihn, so ist er Vergessenes.

2d Solange er [der Besitzer] etwas unter ihm [einem Ölbaum] hat, || gehört ihm auch, was auf ihm ist.

2e Rabbi Meir sagt: bis der, welcher [die verborgenen Oliven] herunterschlägt, sich entfernt hat.

D. Die Armenabgaben im Weinberg. Kap. VII 3—8.

Der Abfall im Weinberg. VII 3.

3a Was ist Abfall? Das, was bei der Traubenlese herunterfällt.

3b Wenn jemand bei der Weinlese eine Traube abschneidet, || die sich in die Blätter verwickelt, zu Boden fällt und sich zerstreut, || so gehört sie dem Besitzer.

3c Wer einen Korb unter den Weinstock stellt, wenn er Wein liest, || der beraubt die Armen. Von ihm heißt es: || „Du sollst die Grenzen der Heraufgekommenen nicht verrücken.“

VII 2d. Nachdem VII 2c schon von den Ölbäumen, bei denen es kein Vergessenes gibt, zu denen hinübergeglitten war, bei denen solches vorkommt, stellt VII 2d ein Gesetz auf, wie mit diesen zu verfahren ist: solange ein Besitzer unter einem Baum ihm gehörige Früchte liegen hat, hat er auch das, was noch oben hängt, nicht vergessen.

VII 2e bestimmt den Moment, von dem an die am Baum hängenden Früchte als vergessene zu gelten haben, anders. מַחֲבֵא, der Stock (mit dem die Oliven heruntergeschlagen werden), ist hier Femininum, wie die Verbalform lehrt.

VII 3c. כַּלְכָּלָה, Fremdwort = κάρταλλος, Binsenkorb. Über das Schriftzitat s. zu V 6.

הַמֵּדֵל בַּגְּפָנִים ‖ כְּשֵׁם שֶׁהוּא מֵדֵל בְּתוֹךְ שֶׁלּוֹ ‖ כֵּן הוּא מֵדֵל בְּשֶׁל עֲנִיִּים ‖ דִּבְרֵי רַבִּי יְהוּדָה. רַבִּי מֵאִיר אוֹמֵר בְּשֶׁלּוֹ הוּא רַשַּׁי ‖ וְאֵינוֹ רַשַּׁי בְּשֶׁל עֲנִיִּים:

אֵיזוֹ הִיא עוֹלֶלֶת? כָּל־שֶׁאֵין לָהּ לֹא כָתֵף וְלֹא נָטֵף. אִם סָפֵק לָעֲנִיִּים.

עוֹלֶלֶת שֶׁבָּאַרְכּוּבָה ‖ אִם נִקְרֶצֶת עִם הָאֶשְׁכּוֹל ‖ הֲרֵי שֶׁל בַּעַל הַבַּיִת ‖ וְאִם לָאו הֲרֵי שֶׁל עֲנִיִּים.

גַּרְגַּר יְחִידִי רַבִּי יְהוּדָה אוֹמֵר אֶשְׁכּוֹל ‖ וַחֲכָמִים אוֹמְרִים עוֹלֶלֶת:

כֶּרֶם שֶׁכֻּלּוֹ עוֹלְלוֹת רַבִּי אֱלִיעֶזֶר אוֹמֵר לְבַעַל הַבַּיִת. רַבִּי עֲקִיבָה אוֹמֵר לָעֲנִיִּים. אָמַר רַבִּי אֱלִיעֶזֶר ‖ כִּי תִבְצוֹר כַּרְמְךָ לֹא תְעוֹלֵל ‖ אִם אֵין בָּצִיר מִנַּיִן עוֹלְלוֹת? אָמַר לוֹ רַבִּי עֲקִיבָה ‖ וְכַרְמְךָ לֹא תְעוֹלֵל ‖ אֲפִלּוּ כֻלּוֹ עוֹלְלוֹת. אִם כֵּן לָמָּה נֶאֱמַר כִּי תִבְצוֹר לֹא תְעוֹלֵל? אֵין לָעֲנִיִּים בָּעוֹלְלוֹת קֹדֶם לַבָּצִיר:

VII 4 schließt sich gut an das Vorhergehende an. Der verbindende Begriff ist die Benachteiligung des Armen. Die Auseinandersetzung Jehudas mit Meir steht auch Talm b M qaṭ f. 4b.

VII 5a. Die Nachlesetraube steht den Armen zu. Ihr fehlen die schulterartig nach beiden Seiten strebenden Stiele wie die nach unten

gerichtete Spitze, also die Stellen, an denen sich die Beeren in der Hauptsache zu versammeln pflegen. Eine solche Traube trägt also nur vereinzelte Beeren. Zum Zweifelhaften vgl. IV 11.

Ob man das den Armen Zustehende lichten darf. VII 4.

VII 4 Wenn jemand die Weinstöcke lichtet, || darf er, wie er das Seinige lichtet, || ebenso auch das den Armen Zustehende lichten — || Worte Rabbi Jehudas. Rabbi Meir [aber] sagt: bei dem Seinigen ist er berechtigt, || aber bei dem den Armen Zustehenden ist er nicht berechtigt.

Die Nachlesetraube. VII 5—6.

5a Was ist Nachlesetraube? Jede [Traube], die weder eine Schulter noch eine herabhängende Spitze hat. Besteht Zweifel, [so gehört sie] den Armen.

5b Die Nachlesetraube, welche im Astwinkel sitzt, || gehört, wenn sie mit der [normalen] Traube zugleich weggeschnitten werden kann, || dem Besitzer, || andernfalls gehört sie den Armen.

5c Eine einzelnstehende Beere ist, wie Rabbi Jehuda sagt, eine [normale] Traube; || [andere] Gelehrte aber sagen: eine Nachlesetraube.

6 Ein Weinberg, der nur Nachlesetrauben enthält, sagt Rabbi Eliezer, gehört dem Besitzer. Rabbi Aqibha aber sagt: den Armen. Rabbi Eliezer hat eingewendet: || „Wenn du deinen Weinberg schneidest, sollst du nicht nachlesen"; || wenn keine Weinlese da ist, woher sollen Nachlesetrauben kommen? Rabbi Aqibha hat ihm erwidert: || „Und deinen Weinberg sollst du nicht nachlesen"; || auch wenn er nur Nachlesetrauben enthält. Wenn es sich so verhält, warum heißt es dann: „Wenn du schneidest, sollst du nicht nachlesen"? Weil die Armen vor der Weinlese keinen Anspruch auf die Nachlesetrauben haben.

VII 5c. Eine einzelstehende Beere will R. Jehuda wie eine normale Traube betrachtet, d. h. den Armen entzogen sehen; wohl deshalb, weil man eine einzelne Beere keine Traube, also auch keine Nachlesetraube nennen kann. Die anderen Gelehrten dagegen halten sich an das Fehlen von Schulter und Spitze und entscheiden demgemäß.

VII 6. In der Kontroverse zwischen R. Eliezer und R. Aqibha beruft sich der erstere auf Dtn 24 21, indem er den Nachdruck auf die vordere Hälfte des Satzes legt: „Wenn du deinen Weinberg schneidest." Das sei die unerläßliche Voraussetzung. Nachlese setze Lese voraus. Sei solche nicht möglich, weil der Weinberg nur Nachlesetrauben trägt, so gibt es auch keine Nachlese, die Armen gehen also leer aus. Aqibha hält sich dagegen an Lev 19 10, wo einfach die Nachlese im Weinberg verboten wird, eine Bestimmung, die unter allen Umständen die Nachlesetrauben den Armen zuspräche. Auch der Rest der Mischna gibt noch Aqibhas Ansicht wieder. Er will zeigen, daß sein Gegner das Zitat,

כֶּרֶם רְבָעִי בֵּית שַׁמַּי אוֹמְרִים אֵין לוֹ חֹמֶשׁ וְאֵין לוֹ בִעוּר. וּבֵית הִלֵּל אוֹמְרִים יֵשׁ לוֹ.

בֵּית שַׁמַּי אוֹמְרִים יֵשׁ לוֹ פֶּרֶט וְיֵשׁ לוֹ עוֹלְלוֹת ‖ וְהָעֲנִיִּים פּוֹדִין לְעַצְמָם. וּבֵית הִלֵּל אוֹמְרִים כֻּלּוֹ לַגַּת:

הַמַּקְדִּישׁ אֶת־כַּרְמוֹ ‖ עַד שֶׁלֹּא נוֹדְעוּ הָעוֹלְלוֹת ‖ אֵין הָעוֹלְלוֹת לָעֲנִיִּים. מִשֶּׁנּוֹדְעוּ הָעוֹלְלוֹת ‖ הָעוֹלְלוֹת לָעֲנִיִּים.

רַבִּי יוֹסֵי אוֹמֵר ‖ אִם כֵּן יִתְּנוּ שְׂכַר גִּדּוּלִים לְהֶקְדֵּשׁ.

אֵיזֶה הִיא שִׁכְחָה בֶעָרִיס? כָּל־שֶׁאֵינוֹ יָכוֹל לִפְשׁוֹט אֶת־יָדוֹ וְלִטְּלָהּ. וּבָרוֹגְלִיּוֹת? מִשֶּׁיַּעֲבוֹר הֵימֶנָּה:

---

auf das er sich stützt, falsch verstanden hat. Die von jenem so stark betonten Worte wollten nur ausschließen, daß die Armen schon vor der Ernte Ansprüche auf die Nachlesetrauben erhöben.

VII 7. Der „vierjährige Weinberg" nach Lev 19 23–25: alle neugepflanzten Fruchtbäume soll man drei Jahre lang ungestört wachsen lassen, ohne ihren Ertrag zu genießen. Die Früchte des vierten Jahres sind Jahwe zu einer Dankfeier zu weihen. Vom fünften Jahre an darf der Besitzer die Früchte verzehren. VII 7 findet sich wörtlich wieder Maas II (V 3) und Edu (IV 5), auch Talm b Qid f. 54 b, wo die Gründe der beiden Schulen mitgeteilt werden.

VII 7 a. Das „Fünftel" nach Lev 27 30. 31: „Alle Zehnten vom Boden, von der Saatfrucht, wie von den Baumfrüchten, gehören Jahwe, sind Jahwe geheiligt. Sollte aber jemand einen Teil seines Zehnten einlösen wollen, so hat er ein Fünftel des Betrags daraufzulegen." Das „Fortschaffen" nach Dtn 26 13: „So sollst du vor Jahwe, deinem Gott, erklären: ich habe das Heilige (= den Zehnten, der vor der Ablieferung eine Zeitlang im Hause lag) aus dem Hause fortgeschafft und es den Leviten, Fremdlingen, Waisen und Witwen zukommen lassen." Nach Talm j f. 20 b hat sich laut einer Überlieferung Rabbis dic Schule Scham-

Der vierjährige Weinberg. VII 7.

VII 7a Bei einem vierjährigen Weinberg, sagt die Schule Schammais, gibt es kein Fünftel und kein Fortschaffen. Die Schule Hillels aber sagt: das gibt es [doch].

7b Die Schule Schammais sagt: es gibt dabei Abfall und Nachlesetrauben, || und die Armen müssen [diese] für sich selbst einlösen. Die Schule Hillels aber sagt: alles kommt in die Kelter.

Der dem Heiligtum geweihte Weinberg. VII 8a—b.

8a Wenn jemand seinen Weinberg dem Heiligtum weiht, || bevor die Nachlesetrauben [als solche] zu erkennen sind, || so gehören die Nachlesetrauben nicht den Armen. Waren die Nachlesetrauben schon [als solche] zu erkennen, || so gehören die Nachlesetrauben den Armen.

8b Rabbi Jose sagt: || in diesem Fall müssen sie [die Armen] für das Aufziehen [der Nachlesetrauben] Zahlung an das Heiligtum leisten.

Vergessenes im Weinberg. VII 8c.

8c Was ist Vergessenes bei den Spalierweinstöcken? Alles, was man beim Ausstrecken seiner Hand nicht mehr zu fassen vermag. Und bei den niedrig stehenden Weinstöcken? Das, woran man vorübergegangen ist.

---

mais nicht in dieser Allgemeinheit ausgesprochen, sondern nur für das Feierjahr behauptet, daß es kein Fünftel und kein Fortschaffen gäbe.

VII 7b. Da der Ertrag des vierten Jahres Jahwe gehört, müssen die Armen, falls es überhaupt Abfall und Nachlesetrauben gibt, diese einlösen. Die Schule Hillels meint, den Armen stünde in dem angenommenen Fall gar nichts zu, vielmehr hätte der Besitzer alles ohne Ausnahme einzukeltern, um es nach Jerusalem zu bringen.

VII 8a. Solange man einer Traube noch nicht ansehen kann, daß sie eine „Nachlesetraube“ werden wird, gehört sie dem Eigentümer, geht also mit den anderen Trauben zusammen in den Besitz des Heiligtums über. Da dieses zu keinerlei Leistung verpflichtet ist, ändert die Weiterentwicklung an dem Zustand nichts. War die Nachlesetraube dagegen im Augenblick der Weihe schon als solche kenntlich, dann gehörte sie bereits den Armen, und der Eigentümer hatte das Verfügungsrecht über sie verloren, konnte sie also nicht weihen (vgl. Tos III 19).

VII 8b. Nach R. Jose hat der Tempel in diesem Fall Anspruch auf Entschädigung dafür, daß die Nachlesetrauben unter seinem Schutz ausgereift sind.

VII 8c. רוגלית ist im Gegensatz zu עָרִיס, dem hoch über das Spalier

פֶּרֶק ח.

מֵאֵימָתַי כָּל־אָדָם מֻתָּרִין בַּלֶּקֶט? מִשֶּׁיֵּלְכוּ הַנָּמוּשׁוֹת.

בַּפֶּרֶט וְעוֹלֵלוֹת? מִשֶּׁיְּהַלְּכוּ הָעֲנִיִּים בַּכֶּרֶם וְיָבֹאוּ.

ובַזֵּתִים? מִשֶּׁתֵּרֵד רְבִיעָה שְׁנִיָּה.

אָמַר רַבִּי יְהוּדָה ‖ וַהֲלֹא יֵשׁ שֶׁאֵינָן מוֹסְקִין אֶת־זֵתֵיהֶם אֶלָּא לְאַחַר רְבִיעָה שְׁנִיָּה? אֶלָּא כְּדֵי שֶׁיְּהֵא הֶעָנִי יוֹצֵא וְלֹא יְהֵא מֵבִיא בְּאַרְבָּעָה אִסָּרוֹת:

נֶאֱמָנִים עַל הַלֶּקֶט וְעַל הַשִּׁכְחָה וְעַל הַפֵּאָה בְּשַׁעְתָּן ‖ וְעַל מַעְשַׂר עָנִי בְּכָל־שְׁנָתוֹ. וּבֶן לֵוִי נֶאֱמָן לְעוֹלָם. אֵינָן נֶאֱמָנִין אֶלָּא עַל דָּבָר ‖ שֶׁדֶּרֶךְ בְּנֵי אָדָם נוֹהֲגִין כֵּן:

נֶאֱמָנִין עַל הַחִטִּים ‖ אֵינָן נֶאֱמָנִין עַל הַקֶּמַח וְלֹא עַל הַפַּת.

נֶאֱמָנִין עַל הַשְּׂעוֹרָה שֶׁל אוֹרֶז ‖ וְאֵינָן נֶאֱמָנִין עָלָיו בֵּין חַי בֵּין מְבֻשָּׁל.

---

sich hinziehenden Weinstock, der am Boden kriechende. Für beide erfolgt die Entscheidung auf Grund von Dtn 24 19; vgl. VI 4 b.

VIII 1. נָמוּשׁוֹת, wohl von מוּשׁ = weichen; so zuletzt Dalman S. 218 a. Als die Nachlesenden, die zuletzt vom Felde weichen, erklärt es schon R. Jochanan, Talm j z. St. Ähnlich Resch Laqisch: Sammler hinter Sammlern, Talm b Taan f. 6 b B meß f. 21 b. Diese beiden Stellen behaupten im Gegensatz zu Talm j, R. Jochanan habe das Wort von „Greisen an Stäben" verstanden, d. h. von מוּשׁ = betasten, fühlen hergeleitet. Maimonides ed. Herzog S. 37 hat beide Deutungen vereinigt. Eigentlich meine die Vokabel „die Alten, die in die Jahre gekommen sind", an unserer Stelle dagegen einen zweiten Leser, der ebensowenig mehr findet wie ein Greis.

VIII 1 c. רְבִיעָה ist der Frühregen, der im Gegensatz zu dem, im Monat Nisan (März/April) fälligen, Spätregen in normalen Jahren im Marcheschwan (Oktober/November), spätestens im Kislew (November/Dezember) zu erwarten ist. Man unterscheidet dabei drei Perioden,

E. Allgemeine Erörterungen über die Armenabgaben. Kap. VIII

Wann erlischt das Vorrecht der Armen? VIII 1.

VIII 1a Von wann an steht allen Menschen die Nachlese frei? Wenn die Nachleser fortgehen.

1b Abfall und Nachlesetrauben? Wenn die Armen in den Weinberg gehen und wiederkommen.

1c Und die Ölbäume? Wenn der zweite Frühregen gefallen ist.

1d Rabbi Jehuda hat gesagt: || gibt es nicht Leute, die ihre Oliven erst nach dem zweiten Frühregen pflücken? Vielmehr: sobald der Arme hinausgeht und nicht mehr für vier Aß heimbringt.

Wann sind Aussagen bezüglich der Abgaben glaubhaft? VIII 2—4.

2 Man kann ihnen [den Armen] glauben, wenn es sich um Nachlese, Vergessenes und Pea handelt, zur Zeit ihrer Fälligkeit, || handelt es sich aber um Armenzehnt, das ganze Jahr über. Einem Leviten jedoch kann man jederzeit glauben. Man kann ihnen aber nur glauben, wenn es sich um einen Gegenstand handelt, || den die Menschen die Gewohnheit haben [, ihnen zu geben].

3a Man kann ihnen glauben, wenn es sich um Weizen handelt, || aber man kann ihnen nicht glauben, wenn es sich um Mehl oder um Brot handelt.

3b Man kann ihnen glauben, wenn es sich um Reisähre handelt, || aber man kann ihnen nicht glauben, wenn es sich um ihn [den Reis] selbst handelt, sei er nun roh oder gekocht.

---

deren zweite an unserer Stelle gemeint ist. Vgl. Krauß, Arch. II S. 149 ff. und Vogelstein S. 1 ff. Die gleiche Entscheidung Schebi IX 7.

VIII 1d. אִסָּר, Fremdwort, = ἀσσάριον, das Aß = 1/4 Sesterz; vgl. Krauß, Lehnwörter II S. 37 f., Arch. II S. 407.

VIII 2. Vgl. die ganz ähnlichen Ausführungen über Beglaubigung Chag III 4. „Man kann ihnen glauben", d. h. wenn sie behaupten, daß irgendwelche in ihrem Besitz befindliche Frucht aus den Armenabgaben stamme, also zehntfrei sei. „Das ganze Jahr über", das bedeutet: in jedem dritten Jahr. In ihm, wobei freilich je das siebente Jahr als Sabbatjahr nicht mitzählt, wurde der Armenzehnt fällig. Vgl. Näheres über den Armenzehnt, vor allem die Quellenstellen, aus denen sich die Praxis der späteren Zeit ergibt, bei Schürer II[4] S. 307 4.

VIII 3. 4 führt an Beispielen aus, wie der Schluß von VIII 2 gemeint ist.

VIII 3b. אוֹרֶז, Fremdwort: ὄρυζα. Vgl. Krauß, Lehnwörter II S. 26.

נֶאֱמָנִין עַל הַפּוֹל ׀׀ וְאֵינָן נֶאֱמָנִין עַל גְּרִיסִים בֵּין חַיִּים בֵּין מְבֻשָּׁלִים.

נֶאֱמָנִין עַל הַשֶּׁמֶן לוֹמַר שֶׁל מַעְשַׂר עָנִי הוּא ׀׀ וְאֵינָן נֶאֱמָנִין עָלָיו לוֹמַר שֶׁל זֵיתֵי נִקּוּף הוּא:

נֶאֱמָנִין עַל הַיָּרָק חַי ׀׀ וְאֵינָן נֶאֱמָנִין עָלָיו מְבֻשָּׁל ׀׀ אֶלָּא אִם כֵּן הָיָה דָבָר מְמֻעָט ׀׀ שֶׁכֵּן דֶּרֶךְ בַּעַל הַבַּיִת לִהְיוֹת מוֹצִיא מִלָּפָסוֹ:

אֵין פּוֹחֲתִין לָעֲנִיִּים בַּגּוֹרֶן מֵחֲצִי קַב חִטִּין וְקַב שְׂעוֹרִין ׀׀ רַבִּי מֵאִיר אוֹמֵר חֲצִי קַב ׀׀ קַב וַחֲצִי כֻסְּמִין קַב גְּרוֹגְרוֹת אוֹ מָנֶה דְבֵילָה ׀׀ רַבִּי עֲקִיבָה אוֹמֵר פְּרָס ׀׀ חֲצִי לוֹג יַיִן ׀׀ רַבִּי עֲקִיבָה אוֹמֵר רְבִיעִית ׀׀ רְבִיעִית שֶׁמֶן ׀׀ רַבִּי עֲקִיבָה אוֹמֵר שְׁמִינִית.

וּשְׁאָר כָּל־הַפֵּירוֹת אַבָּא שָׁאוּל אָמַר ׀׀ כְּדֵי שֶׁיִּמְכְּרֵם וְיִקַּח בָּהֶן מְזוֹן שְׁתֵּי סְעֻדּוֹת:

מִדָּה זוֹ אֲמוּרָה בַּכֹּהֲנִים וּבַלְוִיִּם וּבַיִּשְׂרְאֵלִים.

הָיָה מַצִּיל ׀׀ נוֹתֵן מֶחֱצָה וְנוֹטֵל מֶחֱצָה. הָיָה לוֹ דָבָר מְמֻעָט ׀׀ נוֹתֵן לִפְנֵיהֶם ׀׀ וְהֵן מְחַלְּקִין בֵּינֵיהֶן:

VIII 3c. Zu גְּרִיסִים vgl. Krauß, Arch. I S. 95.

VIII 3d. לוֹמַר ist gewiß trotz Albrecht, Gramm. S. 116 Infinitif. Vgl. Krauß, ZDMG 1913 S. 738. Die Olivennachlese ergibt so wenig Früchte, daß man daraus kein Öl zu pressen pflegt.

VIII 4. לָפָס, Fremdwort: λοπάς; vgl. Krauß, Lehnwörter S. 318.

VIII 5 = Talm b Erub f. 29a.

VIII 5a. Für die Verteilung auf der Tenne müssen deshalb besondere Regeln gelten, weil sich der Arme dort nicht selbst helfen kann, sondern ganz auf den Besitzer angewiesen ist. Über das Qab s. die Erklärung zu III 6. Weizen, Gerste und Spelt werden auch sonst häufig als die drei gangbaren Getreidesorten zusammen genannt; vgl. Kil I 9 Schebi III 2 IV 5 V 3. Zur Mine vgl. Krauß, Archäol. II S. 406, zum Log S. 396; letzteres = 0,506 Liter.

VIII 3c Man kann ihnen glauben, wenn es sich um Bohnen handelt, || aber man kann ihnen nicht glauben, wenn es sich um [Bohnen-]Graupen handelt, seien sie nun roh oder seien sie gekocht.

3d Man kann ihnen glauben, wenn es sich um Öl handelt, falls sie sagen: es ist vom Armenzehnt, || aber man kann ihnen nicht glauben, wenn es sich um Öl handelt, falls sie sagen: es ist von Olivennachlese.

4 Man kann ihnen glauben, wenn es sich um rohes Grünkraut handelt, || aber man kann ihnen nicht glauben, wenn es sich um gekochtes handelt, || außer wenn er [der Arme] nur ein Weniges hat, || weil es Gewohnheit des Besitzers sein kann, aus seinem Napf [die Abgabe] zu entrichten.

Wieviel man dem Armen auf der Tenne geben muß. VIII 5—6.

5a Auf der Tenne soll man den Armen nicht weniger geben als ein halbes Qab Weizen und ein Qab Gerste || — Rabbi Meir sagt: ein halbes Qab — ||, anderthalb Qab Spelt, ein Qab getrockneter Feigen oder eine Mine Feigenkuchen || — Rabbi Aqibha sagt: eine halbe Mine — ||, ein halbes Log Wein || — Rabbi Aqibha sagt: ein viertel — ||, ein viertel [Log] Öl || — Rabbi Aqibha sagt: ein achtel.

5b Und von allen übrigen Früchten, sagt Abba Schaul, || [soll man ihm geben,] demgemäß daß er sie verkaufen und dafür Speise für zwei Mahlzeiten einkaufen kann.

6a Dieses Maß gilt für die Priester, die Leviten und die Israeliten.

6b Will einer zurückbehalten, || so soll er die eine Hälfte fortgeben, die andere Hälfte mag er nehmen. Hat er nur wenig, || so legt er [das ihnen Zustehende] vor sie [die Armen] hin, || und sie teilen es unter sich.

VIII 5b. Zwei Mahlzeiten hielt man am Tage (s. zu VIII 7b). Die Anordnung soll dem Armen den Bedarf für einen Tag sichern.

VIII 6a. Es ist schwer, mit Sicherheit zu sagen, und daher schon früh umstritten, ob die Priester, Leviten und übrigen Israeliten hier als Empfänger oder als Spender in Frage kommen. Nach dem Zusammenhang scheint mir das letztere das Wahrscheinlichere zu sein.

VIII 6b. „Zurückbehalten" zum eigenen Gebrauch ist natürlich nicht erlaubt. Aber es kann jemand den Wunsch haben, etwas für ihm besonders nahestehende Arme zu reservieren. Vielleicht gehört die zweite Hälfte von 6b eng mit der ersten zusammen und ist daher zu übersetzen: „hat er d a n n nur noch wenig". Aber die Bestimmung gilt doch wohl nicht nur für den einen Fall, sondern stets, wenn der Besitzer zu wenig hat, um den einzelnen Armen die vorgeschriebenen Portionen zu verabfolgen.

אֵין פּוֹחֲתִין לֶעָנִי הָעוֹבֵר מִמָּקוֹם לְמָקוֹם מִכִּכָּר בְּפֻנְדְּיוֹן ‖ מֵאַרְבַּע סְאִין
בְּסֶלַע. לָן נוֹתְנִין לוֹ פַּרְנָסַת לִינָה. שַׁבָּת נוֹתְנִין לוֹ מְזוֹן שָׁלֹשׁ סְעֻדּוֹת.

מִי שֶׁיֵּשׁ לוֹ מְזוֹן שְׁתֵּי סְעֻדּוֹת ‖ לוֹ יִטּוֹל מִן הַתַּמְחוּי. מְזוֹן אַרְבַּע
עֶשְׂרֵה ‖ לֹא יִטּוֹל מִן הַקֻּפָּה.

וְהַקֻּפָּה נִגְבֵּית בִּשְׁנַיִם וּמִתְחַלֶּקֶת בִּשְׁלֹשָׁה:

מִי שֶׁיֵּשׁ לוֹ מָאתַיִם זוּז ‖ לֹא יִטּוֹל לֶקֶט שִׁכְחָה וּפֵאָה וּמַעְשַׂר עָנִי.
הָיוּ לוֹ מָאתַיִם חָסֵר דֵּינָר ‖ אֲפִלּוּ אֶלֶף נוֹתְנִין לוֹ כְּאַחַת ‖ הֲרֵי זֶה יִטּוֹל.
הָיוּ מְמֻשְׁכָּנִין לְבַעַל חוֹבוֹ אוֹ לִכְתֻבַּת אִשְׁתּוֹ ‖ הֲרֵי זֶה יִטּוֹל. אֵין מְחַיְּבִין
אוֹתוֹ לִמְכּוֹר אֶת־בֵּיתוֹ וְאֶת־כְּלֵי תַשְׁמִישׁוֹ:

מִי שֶׁיֵּשׁ לוֹ חֲמִשִּׁים זוּז וְהוּא נוֹשֵׂא וְנוֹתֵן בָּהֶן ‖ הֲרֵי זֶה לֹא יִטּוֹל.

VIII 7a. פֻּנְדְּיוֹן, Fremdwort = dupondius (vgl. Krauß, Lehnwörter II S. 427). Die Münze hat den Wert von zwei Aß (Krauß, Arch. II S. 408). Über die Sea s. zu III 6. Der Sela entspricht dem Tetradrachmon oder dem Stater und gilt soviel wie vier Denare (Krauß, Arch. II S. 406). Er war der normale Preis für vier Sea Weizen (Krauß 378). Was zu einem Nachtlager gehört, beschreiben im Anschluß an unsere Stelle Talm b Schab f. 118a und B bat f. 9a. Die Spezialforderung für den Sabbat erklärt sich wohl aus der Schab XVI 2 Erub VIII 2 Kel XVII 11 bezeugten Gewohnheit, am Sabbat statt zwei Mahlzeiten vielmehr ihrer drei zu halten (vgl. Krauß, Arch. III S. 27). Allerdings widerspricht dieser Annahme VIII 7b, wo für die sieben Tage einer Woche nur vierzehn Mahlzeiten gerechnet werden.

VIII 7b. Über תַּמְחוּי und קֻפָּה (wörtlich: Korb) unterrichten eingehender Tos Pea IV 10 Talm j f. 21a Talm b B bat f. 8b. Die „Schüssel"

Der reisende Arme. VIII 7a.

VIII 7a Man soll dem Armen, der von Ort zu Ort wandert, nicht weniger geben als einen Brotlaib im Werte eines Pondion, || falls vier Sea [Weizen] einen Sela gelten. Bleibt er über Nacht, so soll man ihm geben, was zum Übernachten nötig ist. Am Sabbat soll man ihm Speise für drei Mahlzeiten geben.

Wer zur Entgegennahme der Unterstützung berechtigt ist. VIII 7b—9a.

7b Wer Speise für zwei Mahlzeiten hat, || der soll nichts aus der Armenschüssel nehmen. [Hat er] Speise für vierzehn [Mahlzeiten], || so soll er nichts von der Armensteuer nehmen.

Abschweifung: Die Verwaltung der Armensteuer. VIII 7c.

7c Und die Armensteuer wird durch zwei einkassiert und durch drei verteilt.

8 Wer zweihundert Zuz besitzt, || soll Nachlese, Vergessenes, Pea und Armenzehnt nicht nehmen. Hat er zweihundert [Zuz] weniger einen Denar, || so darf er nehmen, auch wenn tausend [Besitzer] ihm zu gleicher Zeit geben. Sind sie [die zweihundert Zuz] verpfändet seinem Gläubiger oder für die Hochzeitsverschreibung seiner Frau, || dann darf er nehmen. Man darf ihn auch nicht zwingen, sein Haus und seine nötigen Gebrauchsgegenstände zu verkaufen.

9a Wer fünfzig Zuz besitzt und damit Handel treibt, || der soll nicht nehmen.

---

diente, wenigstens ursprünglich, der Aufnahme von Naturalien, der „Korb“ war für Geldbeiträge bestimmt. Die Armenschüssel wurde täglich eingesammelt und verteilt — d. h. wenn Bedarf war, die Steuer wöchentlich einmal, am Freitag, erhoben. Auf jene konnte jeder Unbemittelte Anspruch erheben, diese war für die Ortsarmen bestimmt (vgl. Schürer II[4] S. 514, Krauß, Arch. III S. 68f.). „Für zwei Mahlzeiten Speise haben“ bedeutet bis zum nächsten Tag und seiner Armenschüssel warten können. „Vorrat für vierzehn Mahlzeiten haben“ heißt sich bis zur nächsten Verteilung der Armensteuer gedulden können.

VIII 7c. Diese Vorschrift wird Talm b B bat f. 8b begründet.

VIII 8. Der Zuz ist mit dem Silberdenar identisch = 70 Pfennig. דִּינָר, Fremdwort = denarius, δηνάριον. Vgl. Krauß, Lehnwörter II S. 207f. Die tausend Besitzer geben dem Betreffenden ihre Armenabgaben. Über die Hochzeitsverschreibung der Frau s. oben zu III 8b.

VIII 9a. Aus dem Vergleich mit VIII 8 ergibt sich, was Talm j f. 21a

וְכָל־מִי שֶׁאֵינוֹ צָרִיךְ לִטּוֹל וְנוֹטֵל ‖ אֵינוֹ מֵת מִן הַזִּקְנָה עַד שֶׁיִּצְטָרֵךְ לַבְּרִיּוֹת. וְכָל־מִי שֶׁהוּא צָרִיךְ לִטּוֹל וְאֵינוֹ נוֹטֵל ‖ אֵינוֹ מֵת מִן הַזִּקְנָה עַד שֶׁיְּפַרְנֵס לַאֲחֵרִים מִשֶּׁלּוֹ. עַל זֶה נֶאֱמַר ‖ בָּרוּךְ הַגֶּבֶר אֲשֶׁר יִבְטַח בַּיהוָֹה וְהָיָה יְהוָֹה מִבְטַחוֹ.

וְכֵן דַּיָּן שֶׁלּוֹקֵחַ שׁוֹחַד וּמַטֶּה אֶת־הַדִּין ‖ אֵינוֹ מֵת מִן הַזִּקְנָה עַד שֶׁעֵינָיו כֵּהוֹת. שֶׁנֶּאֱמַר וְשׁוֹחַד לֹא תִקָּח ‖ כִּי הַשּׁוֹחַד יְעַוֵּר פִּקְחִים.

וְכָל־מִי שֶׁאֵינוֹ לֹא חִגֵּר וְלֹא אִלֵּם וְלֹא סוּמֵא וְלֹא פִּסֵּחַ ‖ וְהוּא עוֹשֶׂה עַצְמוֹ כְּאַחַד מֵהֶם ‖ אֵינוֹ מֵת מִן הַזִּקְנָה עַד שֶׁיִּהְיֶה כְּאַחַד מֵהֶם ‖ שֶׁנֶּאֱמַר וְדוֹרֵשׁ רָעָה תְבוֹאֶנּוּ. וְאוֹמֵר צֶדֶק צֶדֶק תִּרְדּוֹף:

חַסְלַת מַסֶּכֶת פֵּאָה.

---

ausdrücklich sagt, daß fünfzig Zuz, mit denen man Handel treibt, ebensoviel gelten wie zweihundert, die man ungenützt daliegen hat.

VIII 9b. Talm j f. 21 (= A. Wünsche, Der Jerusalemische Talmud in seinen haggadischen Bestandteilen 1880 S. 59—61) erzählt Beispiele

Schluß. VIII 9b—d.

VIII 9b Und jeder, der nicht zu nehmen nötig hat und doch nimmt, || stirbt nicht im Greisenalter, bevor er nicht die Menschheit nötig gehabt hat. Und jeder, der zu nehmen nötig hat und doch nicht nimmt, || der stirbt nicht im Greisenalter, bevor er nicht andere aus seinem Vermögen versorgt hat. Von ihm heißt es: || „Gesegnet der Mann, der auf Jahwe vertraut und dessen Zuversicht Jahwe ist."

9c Und gleichermaßen wird der Richter, der Bestechung annimmt und das Recht beugt, || nicht im Greisenalter sterben, bevor nicht seine Augen blöde geworden sind. Denn es heißt: „Bestechung sollst du nicht annehmen, || weil die Bestechung die Sehenden blind macht."

9d Und jeder, der kein Lahmer, noch Stummer, noch Blinder, noch Hinkender ist, || sich aber wie einer von ihnen stellt, || der stirbt nicht im Greisenalter, bevor er nicht geworden ist wie einer von ihnen, || weil es heißt: „Wer Böses sucht, über den wird es kommen." Und ferner sagt er: „Nach Gerechtigkeit, Gerechtigkeit sollst du streben."

Zu Ende ist der Traktat Pea.

---

von betrügerischem Nehmen von Armenspenden. Das Zitat stammt aus Jer 17 7. פַּרְנָס, Fremdwort; vgl. πρόνοος.

VIII 9c. Das Zitat aus Ex 23 8.

VIII 9d. Von den Zitaten ist das erste aus Prov 11 27 genommen, das andere aus Dtn 16 20.

Textkritischer Anhang.

Für die Herstellung des hebräischen Textes standen mir die folgenden Hilfsmittel zu Gebote:

1. Der Mischnakodex des † D. Kaufmann, jetzt der Kgl. Ungarischen Akademie der Wissenschaften in Budapest gehörig (vgl. darüber S. Krauß, Die Kaufmannsche Mischna-Handschrift: Monatsschrift für Geschichte und Wissenschaft des Judentums LI 1907, S. 54—66, 142—163, 323—333, 445—461). Er wurde mir zugänglich durch eine Kollation des Herrn Dr. Weiß in Budapest, für die ich auch an dieser Stelle meinen besten Dank aussprechen möchte.

2. Der Mischnakodex de Rossi No. 138 in Parma, den mir die Verwaltung der Bibliotheca Palatina in Parma in liebenswürdiger Weise zur Benutzung in Breslau überließ.

3. Codex Cambridge University Library Add. 470,1 in der Ausgabe von W. H. Lowe 1883.

4. Codex Hebr. Bibl. Monacenis 95, die einzige bekannte Handschrift des ganzen Talmuds, in der Ausgabe von H. L. Strack 1912.

5. Erste Ausgabe der Mischna, Neapel 1492.

6. Mischnatext des Maimonides nach D. Herzog, Maimonides Commentar zum Tractat Peah zum erstenmal im arabischen Urtext herausgegeben, mit verbesserter hebräischer Übersetzung und mit Anmerkungen versehen, 1894. Zugrunde lag der Ausgabe Herzogs Cod. Or. Qu. 566 der Kgl. Bibliothek in Berlin. Daneben gebrauchte er Kollationen der drei Oxforder Handschriften 393, 394, 400 (vgl. Neubauers Catalogue of the hebrew Mss. in the Bodleian Library 1886).

7. Babylonischer Talmud nach dem ersten Druck von Dan. Bomberg (Venedig 1520 ff.) in der Wiedergabe von L. Goldschmidt I, 2. Aufl. 1906.

8. Jerusalemischer Talmud ed. Krakau 1609.

9. Tosephta ed. L. Friedländer I 1890.

10. Siphra ed. J. H. Weiß 1862.

11. Siphre ed. M. Friedmann 1864.

Mein Text ist im wesentlichen der des Kodex Kaufmann, freilich unter Berücksichtigung der Tatsache, daß die Budapester Handschrift ursprünglich einen unpunktierten Text enthielt, während der meine von Anfang an auf Beigabe von Vokalen angelegt war. Hieraus sich ergebende Differenzen in der Setzung des Matres lectionis sind natürlich keine Varianten und dürfen nicht gebucht werden. Bezüglich der Pluralausgänge ם und ן herrscht in den Handschriften vollkommene Willkür. Hier durch Zählung der Zeugen das Ursprüngliche ermitteln zu wollen, wäre ein naives Unterfangen. Ich habe es daher vorgezogen, einem Kodex in all seiner Eigenart zu folgen und die den Apparat allzusehr belastenden Varianten einfach zu ignorieren.

Tosephta, Siphra und Siphre sind nur herangezogen worden, um auch sonst beglaubigte Lesarten zu stützen. Von ihnen bezeugte Singularitäten glaubte ich bei dem Zustand der Kritik dieser Bücher wie der Beschaffenheit der zu Gebote stehenden Ausgaben in der Regel nicht aufnehmen zu sollen.

Verzeichnis der im textkritischen Anhang gebrauchten Abkürzungen:

K = Kodex Kaufmann.
L = Kodex Cambridge ed. Lowe.
M = Kodex München 95 ed. H. L. Strack.
Mai = Maimonides ed. Herzog.
N = Mischna ed. princeps Neapel.
P = Kodex aus Parma.
Sa = Siphra.
Se = Siphre.
Tb = Babylonischer Talmud.
Tj = Jerusalemischer Talmud.
To = Tosephta.
a. R. = am Rand.
i. T. = im Text.
o. d. Z. = oberhalb der Zeile.
\+ = Zusatz.
⟩ = fehlt in.

Kap. I: I 1a. חסדים: חסד bei KP ist abgekürzte Pluralform; beide Kodd. haben I 1b den Plural ausgeschrieben ‖ ותלמוד תורה ⟩ Mai; vgl. Herzog Note 1. I 1b. אלו: LMMai ואלו ‖ שאדם: M + עושה אותם ‖ מפירותיהן: MNTb פירותיהן ‖ מתקימת: LMMaiNPTbTj קיימת ‖ לו ⟩ M ‖ בין: P שבין. I 2. אף: N ואף ‖ hinter dem letzten ולפי haben NTbTj, auch P a. R., ein weiteres רוב ‖ הענוה: KP הענווה M העניה. I 3a. ומאמצעה: L ובאמצעה. I 3b. משם: MMaiNTbTjTo משום beide Male ‖ הבקר: MaiNTbTo הפקר. I 4. וגדוליו: MTb וגדולו ‖ ולקיטתו: L ולקיטתה ‖ כאחת: M כאחד ‖ ומכניסו: LMaiP ומכנסו ‖ חתבואה: MaiNPTbTj והתבואה ‖ והקטניות: MNTb והקטנית ‖ הזה Mai זה. I 5. והאגוזים: LNTbTjSa האגוזים ‖ והגפנים: LNTjSa הגפנים ‖ הזתים: MMai והזתים. I 6a. משם: MaiNTbTj משום. I 6b und c. Von den 5 Gliedern dieses Abschnittes (ונותן ..., מאכיל ..., נוטל ..., כהן ..., המקדיש ...) fehlt das erste (ונותן ...) in MTj. Bei M fehlt auch das 5. Glied (המקדש ...) abgesehen von dem letzten Wort. Das ist gewiß Ausfall durch Homoioteleuton; denn der Schatzmeister hat das Heiligtum zur Voraussetzung. L hat an Stelle des 2. Gliedes (מאכיל ...) die Worte: ונוטל מן הגורן וזורע ופטור מן המעסרות שלהם עד שימרח und fährt dann mit ונוטל ... fort. In Tj haben Glied 2 (מאכיל ...) und 3 (נוטל ...) die Plätze getauscht, so daß die Worte דברי ר׳ ע׳ den Schluß des an die 3. Stelle gerückten Gliedes 2 bilden ‖ משם: MaiNTb משום ‖ הבקר: MaiNTb הפקר ‖ מאכיל: Mai PTj ומאכיל ‖ ולחיה: NTbTj לחיה ‖ נוטל: LMMaiNTbTj ונוטל ‖ עקיבה: MN TbTj עקיבא ‖ שלקחו: K שלקח ‖ שלהם: Mai + ופטורין ‖ שימרחו: L שימריחו MTj שימרח ‖ ופודה: MaiN והפודה.

Kap. II: II 1a. ואלו: LN אלו ‖ והשלולית: Tb ושלולית ‖ ודרך הי׳: LNTb דרך הי׳ ‖ M stellt um: ודרך הרבים וד׳ הי׳ ‖ TjTo stellen das folgende Paar um: ושביל היחיד וש׳ הר׳ ‖ והקבוע: LMMaiNPSa הקבוע ‖ הבור: MaiP והבור ‖ אחר ⟩ Tj. II 1b. הקוצר: MNTb והקוצר Tj קוצר To וקוצר M hat vor והקוצר + והזורע לשחת ‖ אינו: M אין. II 2a. יהודה: KL יודה. II 3a. מפסיק: Sa מפסיקים. II 3b. אם: MaiNPTbTj ואם ‖ אינו bis אלא fehlt in M. II 4b. אבא: Mai + שיהוא Sa + שהיו ‖ אחת: Tj אחד ‖ בכל רוח: LMaiPTjSa בכל הרוח ‖ אלעזר: L לעזר KMMai im Kommentar (in s. Mischnatext: אלעזר) NTb TjSa אליעזר. II 5a. עושה: MaiNTb עושהו. II 5b. שני: M שתי ‖ שהוא עושה: NTb שעשאן. II 5c. P ⟩ את ‖ חטים: MMaiP + אם ‖ גרנות: K גורנות. II 6. שזרע: PTj כשזרע ‖ הלבלר: KPTj fordern durch ihr הליבלר die Vokalisierung לִבְלָר, dagegen scheint das הלבלר von LMaiNTb auf ein לַבְלָר zu weisen. M hat keins von beiden, sondern: הבבלי ‖ אני ⟩ L ‖ מיאשא: K מייאשא MP מיישא Tj מישא ‖ הזורע: NPTbTj בזרע ‖ את ⟩ NPTb ‖ עשאן MMai NPTbTj vorher + אם ‖ אַחַת: MaiP אחד. II 7a. קצרוה: N קצרוהו PTj שקצרוה ‖ קרסמוה: M schreibt das Wort wie das bibl. Hebräisch mit כ; so auch Siphre p. 124a ‖ שברתה: PSa שיברתה To ושברתה ‖ הרוח: M רוח ‖ פטורה: L פטור Mai פטורין. II 7b. לסטים: Mai הלסטים beide Male ‖ פטורה: M פטור ‖ קציר: Tj הקציר M פאה NTb הפאה ‖ Nach בקמה beginnt ein neuer Absatz (II 8) bei PNTbTj ‖ קצרו: NTb קצרוה ‖ הוא ⟩ LMMaiPTj ‖ ממה: LMMai למה. II 7d. הוא ⟩ M.

Kap. III: III 1. In den unpunktierten Texten und Ausgaben sind für unsere Stelle folgende Schreibungen des Namens Schammai bezeugt: L שמיי P שמי MaiNTb שמאי ‖ אחת ואחת: LMaiNTbTj אחד ואחד ‖ ובית: L NTj בית ‖ מאחת: LMaiNTb מאחד ‖ ומודים: PTj מודין ‖ שורות: MPTj השורות ‖ מאחת: LMaiNTb מאחד. III 2a. עקיבה: Tb עקיבא ‖ vor פאה LNTb + נותן ‖ מכל: M לכל. III 2b. ומודים: LPTj מודים ‖ עקיבה: MaiTb עקיבא ‖ מכל: MTb לכל. III 3a. המחליק: L המחלק ‖ באפונים: L באופנים M לאפונים. III 3b. המדל: K המנדל. III 3c. המחליק: MMaiNPTbTj והמחליק ‖ מאחת: M באחת ‖ יד ⟨ L. III 4a. ורבי: LMMaiP רבי ‖ יוסי: KP יוסה (ebenso III 4b). Mit III 4c beginnt III 5 bei MaiNTbTj ‖ האחים: M אחים. III 5 ist = III 6 bei Mai. III 5a. קלחי: LMNP קולחי. III 5b. אמר: NTb אומר ‖ יהודה: L יודה ‖ אם שיר בעל השדה: Tj אם שיר שדהו. III 6. 7. ist = III 7 bei Mai ‖ III 6. אליעזר: L ליעזר ‖ חיב: LMaiNTb חייבת ‖ העושה: LMPTj בעושה N בהעושה ‖ יהודה: KLMMaiPTj יהושע ‖ בתירה: KLMMaiPTj בתירא. III 7 gehört noch zu III 6 bei NTbTj ‖ III 7. עקיבה: MTbTj עקיבא ‖ חיב: Mai TbTj חייבת ‖ ובבכורים: M ובכורים ‖ עליו: Tj עליה ‖ פרוזבול: L פרזבול M בפרוזבול ‖ עמו: Tj עמה. III 8 ist = III 7 bei NTbTj ‖ der Anfang von III 8a bis שהוא lautet bei M: שכיב מרע שכתב נכסיו לאחרים ‖ שכיב: P שכב ‖ קימת NTb מתנה beide Male. III 8b. KMLMaiPTo haben beide Male איבדה, NTb haben das erste Mal אבדה, das zweite Mal איבדה, Tj hat beide Male אבדה ‖ יוסי: KP יוסה ‖ לה ⟨ Mai. III 9 = III 8 bei NTbTj ‖ vor ר׳ שמעון hat Mai רבי יוסי אומר יצא ‖ vor עד שיאמר wiederholt M die Worte שייר קרקע כל שהוא לא יצא בן, offenbar ein Versehen ‖ הרי ⟨ MTo ‖ נתונים לאיש פל׳: M כתובין לפל׳ ‖ מרבוא: P מרובו M בריבוא To ברבוא.

Kap. IV: IV 1a. בעל: L ובעל ‖ ומחלק: L ומחליק. IV 1c. ותשעה: Tj + עניים ‖ לזה שומעין: Mai שומעין לזה. IV 2 gehört in N noch zu IV 1 ‖ בדלית LMMaiTj ובדלית. IV 3 in N = IV 2; in L gehört es noch zu IV 2 ‖ הפאה: NTbTj פאה ‖ נפל לו: M נפל ‖ פרס: MTj פירס Mai פרש NTb ופרש ‖ אותו: MMaiNTb אותה ‖ ממנה: MKMai ממנו NTb הימנו. IV 4 ist in L der Anfang von IV 3, in N = IV 3 ‖ פאה: M הפאה ‖ ואין: N אין ‖ בקרדומות: L בקרדמות. IV 5 gehört in L noch zu IV 3, in MP zu IV 4; in N ist es = IV 4. IV 5a. אבעיות: K הבעיות M הובעיות PTj אובעיות. IV 5b. יפחתו: LMP יפחותו ‖ רבי: Tj ורבי ‖ עקיבה: MNTbTj עקיבא. IV 5c. מלקיטין: LNTb מלקטין ‖ ונותנין: P נותנין. IV 6 ist bei L IV 4, bei MNP IV 5. IV 6a. את ⟨ N ‖ ומן הפאה: L מן הפיאה ‖ הפאה: P + ומן ההבקיר. IV 6b. יהודה: L יודה ‖ השכחה: LMSaSe שכחה ‖ העמור: Mai העומר. IV 7 ist bei L IV 5, bei MNP IV 6 ‖ עמרים: LM dreimal עומרים N zweimal עומרין, das dritte Mal עמרין, TbTj stets עומרין ‖ M hat auch vor קמה ופדה עמרים + הקדיש. IV 8 ist bei L IV 6, bei MNP IV 7 ‖ IV 8a. כיוצא: PTj וכיוצא ‖ לעונת: L hat zweimal לענות ‖ ופדאן: KLMaiP zweimal ופדיין ‖ statt des 2. חיבין haben NTj פטורין. Das scheint ein Versehen zu sein, da Challa III 4, wo unsere Mischna wörtlich wiederkehrt, auch N[3] und Tj חיבין haben. Challa III 4 hat N freilich das erste חיבין durch פטורין ersetzt ‖ משבאו: MMaiPTj ומשבאו. IV 8b. פדאן: KLMaiP פדיין ‖ היו ⟨ Mai. IV 9 ist bei L IV 7, bei MNP IV 8 ‖ IV 9a. שליקט: NTb שלקט ‖ את ה ⟨ PTj ‖ זו: KM זה ‖ לאיש פלוני: M לפלוני ‖ אליעזר: P ליעזר ‖ יתננה: Tj יתנה ‖ שנמצא: M הנמצא. IV 9b. חיב: Mai חייבין ‖ הבקיר: MaiNTb הפקיר. IV 10 ist bei L IV 8, bei MNP IV 9 ‖ IV 10a. איזה הוא: K אי זה: MNTbTj איזהו ‖ הקצירה: To קצירה. IV 10b. קצר ⟨ NTb ‖ מלא ידו תלש ⟨ Mai im Mischnatext; dagegen berücksichtigt die auf den Text folgende Erklärung die Vokabel תלש ‖ קוץ: LMMai הקוץ ‖ נפל: LMaiNPTbSa ונפל ‖ לארץ: KMaiSa על הארץ ‖ זֶה ⟨ LMMaiSa, durch הוא ersetzt in N̄PTbTj. IV 10c. Statt des zweiten תוך: LMMaiNPTbTj ותוך ‖ statt des zweiten אחר: MMaiNPTbTj ואחר ‖ statt des zweiten ראש: LMMaiNPTbTj וראש. IV 10d. ישמעאל: M שמעון ‖ עקיבה: MNTbTjSa עקיבא. IV 11 ist bei L IV 9, bei MNP IV 10. IV 11a. חורדי: MMaiNTbTj חורי ‖ נמלים: LMMaiNPTbTj הנמלים ‖ הן ⟨ L ‖ שלאחר: LMMaiPTj ושלאחר ‖ של בעל: LMMaiPTj לבעל.

Kap. V: V 1a. הנוגעות: NTb הנוגע ‖ הוא ⟨ LP, MMai haben dafür הן. V 1b. והרוח: LMMaiMPTbTj הרוח ‖ אומדין: L אומרים ‖ לקט: LMMaiNPTb Tj + היא ‖ נותן: LMMaiNPTbTj ונותן. V 1c. בכדי: MN כדי, ⟨ LPTj ‖ נפלה: MP נפילה. V 2a. וראשה: Tj וראשו ‖ לקמה: L בקמה ‖ נקצרת: TbTj נקצרה ‖ עם: L מן ‖ היא ⟨ LMMaiP ‖ היא ⟨ LMMaiPSe. V 2b. שנתערבה: Mai אם נת׳ ‖ אחת ⟨ Tj. Mit V 2c beginnen MP V 3 ‖ אליעזר: L ליעזר ‖ ברשותו: L לרשותו Tj לרשתו ‖ את ⟨ M. V 3 ist in MP V 4 ‖ בטופח: KTj בטופיח ‖ שאיפשר: LMaiMNPTbTj שאפשר. V 4 ist in MP V 5 ‖ וצרך: MMaiNTbTj וצריך ‖ יטול: NTbTj לטול ‖ ומעשר עני: P a. R. ‖ vor וכשיחזור NTb + יטול ‖ וכשיחזור: L כש׳. V 5 ist in MP V 6 ‖ V 5a. בשלו: LMMai שלו ‖ ובשל LMai ושל M של P בשל. V 5b. שדה: LMN את השדה Mai השדה. V 5c. ובשכחה: LMai NTb שכחה ‖ ובפאה: LMaiNTb ופאה ‖ ובמעשר: LMaiNTb ומעשר. V 5d. יהודה: L יודה ‖ שקבלה: MNTb שקבל ‖ לשליש: K לישליש Tj ולשליש ‖ ובשכחה: LMTj שכחה Mai בשכחה ‖ ובפאה: LMTj ופאה. V 6 ist in MP V 7 ‖ V 6a. את ⟨ PTj. V 6b. לא: Mai ולא ‖ ישכר: KL יסכור ‖ את הפועל: M פועל NTb את הפועלים. V 6c. מי: MPTj ומי ‖ שהוא מניח: L שמניח; dieses מניח ⟨ P ‖ ואת אחד: NTb ואחד ‖ לא: LMMaiNP לאו ‖ שהוא מסייע: Mai שסייע Se שמסייע ‖ אל: Mai לא ‖ תסג: KMMaiP תשיג ‖ עולים: LMSeTj עולם. V 7 ist in MP V 8 ‖ ששכחוהו: KP ששכיחוהו L ששכיחהו ‖ für das erste שכחו hat P שכיחו ‖ das zweite שכחו ⟨ M, LP שכיחו ‖ שכחוהו: L שכיחהו. V 8 ist in MP V 9 ‖ V 8a. לכובעות: M לאבעות ‖ ולכמסאות: LMai לכומסות MPTj ולכומסות ‖ לחררה:

MP ולחררא ‖ ממנו: M וממנו ‖ ולגורן: LP לגורן. V 8b. המעמר: NTb העומר ‖ ממנו: M וממנו ‖ ולגורן: LP לגורן. V 8c. ממנו: M וממנו ‖ ולגורן: LP לגורן ‖ למקום: K מקום ‖ ממנו: M וממנו ‖ ולגורן: P לגורן.

Kap. VI: VI 1a. שמי: L שמיי MaiNTb שמאי ‖ הבקר: MaiN הפקר zweimal ‖ הבקר עד שיבקר: so MPTj; KL הבקר עד שיובקר NTb הפקר עד שיופקר Mai הפקר עד שיפקיר ‖ כשמטה: K בשמיטה. VI 1b. כל עמרי: Mai כל עומר ‖ וקב: LMNPTjTb קב ‖ ואחד: M ואחת ‖ ארבעת: M ארבעה Tb ארבע ‖ ושכחו: KL ושכיחו ‖ שמי: L שמיי MaiNTb שמאי ‖ אינו steht in L vor dem zweiten שכחה, so daß die Meinungen der beiden Schulen sich ins Gegenteil verkehren. Bei P war es ursprünglich ebenso. Später wurde dann durch Randnote und Rasur der oben gedruckte Text auch hier hergestellt. Mai hat für אינו:אינה. VI 2. לגפה: M לגפא ‖ ולגדיש: M ולגדר ‖ ולבקר: LNTb לבקר ‖ שמי: L שמיי MaiNTb שמאי. VI 3a. שורות: LMMaiPTj השרות ‖ העומר: Tj עומר. VI 3b. בו ⟨ M ‖ לעיר: LMNPTbTj אל העיר ‖ ושכחו: K ושכיחו Tj ושכח. VI 4a. אלו: MaiNPTb ואלו ‖ שורות: MMaiPTj השורות ‖ מאמצע: MPTj באמצע ‖ השורה: P השורות L השדה ‖ פניו: PNTj פנה zweimal ‖ שכחו: LMMaiNPTbTj ושכחו ‖ שלפניהם davor + את NTb ‖ ושלאחריהם: NTb ואת שלאחריהם. VI 4b. יחיד: L ויחיד MMaiP היחיד ‖ מפני ⟨ LMaiPTj ‖ בבל: L בל M בלא ‖ בל: M בלא MaiNPTb בבל ‖ וכל שאינו: LNTb ושאינו ‖ בל: M בלא MaiNTb בבל. VI 5a. Das erste (in Se auch die beiden folgenden) ושלשה: MSe שלשה ‖ הוצני: L חוצני Mai חצני. VI 5b. שתי: LMMaiNTbTj שני ‖ ושלוש: LMMaiNTbTj ושלשה. VI 5c. אלו ⟨ M Tj ‖ ועל כלם: L וכולם Mai ובכולן ‖ שמי: L שמיי MaiNTb שמאי. VI 6a. העומר: K עמרים ‖ בו: K בהם. VI 6b. אומר ⟨ M ‖ לעניים in M a. R. ‖ יפי: M ייפה Mai יפה KLNPTbTj יופי ‖ כח: M כחו ‖ הור׳ כח: MNTb הור׳ כחו ‖ יפי: M ייפה Mai יפה KLNPTbTj יופי ‖ כח: LMNTb כחו ‖ מה: MNTb ומה, in Se fehlt es ‖ אם ⟨ L ‖ יהו: Mai יהוא NTb יהא ‖ לא אם אמרת: Tj אם אמרו ‖ אמרת: K אמרתה ‖ אחד ⟨ M ‖ שהן ⟨ M ‖ ככריכות: KM ככרכות NTb ככרוכות. VI 7. אינה: KMai אינו ‖ אם: MaiLPNTb אבל ‖ ראויה היא: NTb היא ראויה ‖ כאלו היא: M כ׳ היה ‖ ענוה: K ענווה LPTj ענבה M ענייה N עיוה. VI 8a. הקמה: LMPTj קמה ‖ את ⟨ L ‖ העומר אינו: LMPTjMai והעומר א׳ ‖ מציל: K מצלת ‖ bei M haben העומר und הקמה die Plätze gewechselt. VI 8b. איזו היא: M איזוהי ‖ הקמה: LMaiNTbTj קמה ‖ שהיא מצלת: M שמצלת. VI 9a. השום: LMMaiNTb והשום ‖ מצטרפין: M + לסאתים NTb + לסאתים אלא של עניים הם. VI 9b. יוסי: KP יוסה ‖ אומר ⟨ M ‖ העני: MaiPTj לעני ‖ אינן: Tj אינן מצטרפין לסאתים ר׳ אין. VI 10a. באגודי: LP באגידי ‖ והבצלים: M + יהודה אומר. VI 10b. כל: LMMaiNPTbTj וכל ‖ טמונים: LMMaiNPTbTj: הטמונים ‖ בארץ: N + אין לעניים בהם כלום ‖ השום: LMMaiNTbTj והשום. VI 11a. לו: MNTb להם. VI 11b. אם: LNPTbTj ואם ‖ לטול: L + לו ‖

das zweite הגס fehlt in LM. VI 11c. אם: LMai ואם ‖ הרי אני: LMai הריני ‖ מה ⟨ M ‖ אני ⟨ Tj.

Kap. VII: VII 1a. Statt der Worte בשדה bis הנט׳ haben MTo nur בשדה: LMaiNTbTj + אפלו ‖ אינו: Tj אינה. VII 1b. שהיה: MP כזית נטופה ‖ שפכוני: M שסמני ‖ בישני: KMai בשני M ביישני ‖ במעשיו: LMai ובמעשיו ‖ שהוא במקומו: Mai ובמקומו. VII 1c. שלשה: LMaiNPTb ושלשה ‖ אינן: K אינה. VII 1d. יוסי: KP יוסה ‖ אין: M אינן. VII 2b. Der Anfang זית bis אינו שכחה fehlt in M. VII 2c. במה: LP במי ‖ התחילו: LMMaiNPTbTj התחיל ‖ אם ⟨ MTj ‖ התחילו: LMMaiNPTbTj התחיל ‖ הנטופה: M נטופה ‖ ושכחו: P ושכיחו ‖ יש לו: L אינו. VII 2e. רבי: L ורבי ‖ משתתהלך: NTbTj משתלך LMMaiP משתהלך ‖ המחבא: Mai המחבה. VII 3a. איזהו: LMai איזה הוא. VII 3b. עקץ: M עקוץ ‖ vor האשכול M + כל ‖ נפל: MaiTjSa ונפל ‖ נפל: N Tb + מידו ‖ לארץ: Tj בארץ ‖ ונפרט: K ונפרד ‖ הוא: M הן Tj זה ⟨ MaiPSa. VII 3c. כלכלה: LMaiNTb הכלכלה ‖ את ‖ אל: Sa לא ‖ תסג: KP תשג MSa תשיג Mai תסיג ‖ עולים: MNTj עולם. VII 4 und 5 stehen in umgekehrter Reihenfolge bei MaiNTbTj ‖ VII 4 כשם: M כדרך ‖ כן: LMMaiPTj כך ‖ ואינו: P אינו. VII 5a. איזו היא: M איזוהי NTbTo איזהו Tj ואיזוהי ‖ נטף: NTbTj + אם יש לה כתף או נטף של בעל הבית ‖ אם: L ואם ‖ לעניים: Mai של עניים. VII 5b. עוללת: Mai עוללות ‖ נקרצת: LM נקצרת ‖ das erste הרי: LNTbTj + היא ‖ das zweite הרי: MMaiNTbTj + היא. VII 5c. עוללת: Mai עוללות. VII 6 und 7 stehen in umgekehrter Reihenfolge bei MaiNTbTj. VII 6. רבי עק׳: MaiPTj ורבי עק׳ ‖ עקיבה: MNTbTj עקיבא ‖ כי: LMaiNTb Sa וכי ‖ כרמך ⟨ LMMaiNPTbTjSa ‖ לא: N ולא ‖ אם ⟨ P ‖ לו ⟨ Mai ‖ עקיבה: MNTbTj עקיבא ‖ vor כי hat M ein לא, das aber wie getilgt aussieht ‖ L Sa וכי ‖ לבציר: MNTb הבציר. VII 7a. רבעי: L רביעי ‖ שמי: L שמיי Mai NTb שמאי ‖ יש לו: P + חומש ויש לו ביעור. VII 7b. שמי: LMaiNTb שמאי. VII 8 gehört in NTb noch zu VII 7. VII 8a. את ⟨ Tj ‖ נודעו: NTb + בו ‖ משנודעו bis לעניים fehlt in L. ‖ משנודעו: MaiP ומשנודעו ‖ משנודעו: NTb + בו. VII 8b. יוסי: KP יוסה ‖ אם כן ⟨ LMaiNPTbTj ‖ יתנו: Mai נתנו ‖ גדולים: NTb גידוליו. VII 8c. איזה היא: M איזוהי LP ואי זו היא Tj ואיזה Se איזו היא ‖ שאינו: M שהוא ‖ ידו: Se ידיו ‖ וברוגליות: NTb ובגליות Se ברגליות ‖ הימנה: LMaiP ממנה.

Kap. VIII: VIII 1a. משילכו: LMMaiP משיהלכו. VIII 1b. בפרט: M ובפרט Mai ופרט ‖ ועוללות: LMMaiNPTbTj ובעוללות ‖ משיהלכו: LNTbTj משילכו M משהלכו. VIII 1d. אמר ⟨ M ‖ והלא: Mai והרי ‖ שאינן: MPTj שאין ‖ את ⟨ M ‖ העני: LTj עני ‖ מביא: MLMaiTj + אלא. VIII 2. שנתו: M שנתן ‖ אינן: MMai אין Tj ואינן ‖ שדרך בני: M שכך בני LMaiPTj שכן דרך בני NTb שבני ‖ אדם: K אדן ‖ אדם: PTj + להיות ‖ כן: LMai בו. VIII 3a. אינן: LMai

PTj ואינן M אין NTb ואין ‖ נאמנין: LMMaiPTj + לא. VIII 3b. השעורה: M הסעורה PTj סעורה ‖ אורז: Mai ארז ‖ ואינן: MMaiNTb ואין in Tj fehlt es ‖ das zweite בין: P ובין. VIII 3c. ואינן: MMaiNTb ואין ‖ גריסים: LMMaiNPTbTj הגריסים ‖ statt בין — בין haben NTb לא — ולא L בין — ובין. VIII 3d. הוא ⟨ Tj ‖ ואינן: LMMaiNTb ואין ‖ עליו לומר: P לומר עליו. VIII 4. הירק: PTj ירק ‖ חי: M החי ‖ ואינן: MMaiNPTb ואין ‖ עליו: MNTbTj על ‖ מבשל: MNTbTj: המבושל ‖ היה: LMaiNPTbTj + לו ‖ ממעט: LMaiNTb מועט ‖ הבית ⟨ M. VIII 5a. קב גר׳: LMMaiNPTbTj וקב גר׳ ‖ מנה: K מנא ‖ רבי: M ורבי auch an den beiden folgenden Stellen ‖ עקיבה: MNTbTj עקיבא an allen drei Stellen. VIII 5b. ושאר: M בשאר ‖ אבא: K אבה ‖ אבא שאול אמר: LMNPTbTj אמר אבא שאול ‖ שתי: M שלש. VIII 6. אמורה: Mai האמורה ‖ ובלוים: N ולויים ‖ ובישראלים: LMaiP ובישראל ‖ נותן: KNTb נוטל ‖ מחצה: K ומחצה ‖ ונוטל: KNTb ונותן ‖ ממעט: LMaiNTbTj מועט ‖ והן ⟨ M ‖ מחלקין: M ומחלקין. VIII 7a. מארבע: NPTb ומארבע ‖ לו פרנ׳: לו ⟨ L. VIII 7b. מי: NTb ומי ‖ יטול: in M ist יקח im Text ausgestrichen und יטול übergeschrieben ‖ עשרה: MaiTbTj + סעודות. VIII 8. יטול: in M ist יקח im Text ausgestrichen und יטול übergeschrieben ‖ כאחת: Tj באחת ‖ לכתובת: LMaiMPTj בכתובת ‖ LMPTj stellen um: בכתובת אשתו או לבעל חובו Mai ebenso, nur fehlt ihm das או ‖ תשמישו: Tj תשמישיו. VIII 9a. והוא: K הוא ‖ ונותן: Tj נותן. VIII 9b. וכל: M כל ‖ לטול: L יטול ‖ אינו מת מן הזקנה: NTb נפטר מן עולם ‖ שיצרך: LMMaiNTb שיצטרך K hat שיצרך, dem eine spätere Hand ט eingeschoben hat (S. Krauß, Monatsschrift f. Gesch. u. Wissensch. d. Judentums LI 1907, S. 454 2) Tj שצריך ‖ שהוא צריך: NTb שצריך ‖ מת מן הזקנה: Mai נפטר מן העולם ‖ לאחרים: MaiNTb אחרים ‖ על זה: Tj ועל זה L עליו MaiNTb ועליו ‖ נאמר: LMaiNTb הכתוב אומר ‖ für יהוה haben die Handschriften und Drucke die üblichen Abkürzungen und Sigla. VIII 9c. וכן: M וכך NTbTj וכל ‖ שעיניו כהות: MPTj שיהו עיניו כהות L שתכהינה עיניו ‖ פקחים: LNTbTj עיני חכמים. VIII 9d fehlt in KM P. L, dem der Text oben im Wesentlichen folgt, hat es am Schluß; dagegen haben es NTbTj vor VIII 9c ‖ zwischen VIII 9b und 9d schieben NTbTj ein: וכן דין שדן דין אמת לאמתו ‖ ולא אלם ⟨ NTbTj ‖ פסח: L חרם ‖ והוא עושה: NTbTj ועושה ‖ שיהיה: L שיעשה ‖ die Worte ודורש bis ואומר fehlen in NTbTj. Unterschrift: MP חסלת פיאה פרקים שמנה.

Verzeichnis der Abkürzungen und Umschriften.

1. Traktate der Mischna.

Mischna = M

1. Seder.

Ber = Berakot
Pea = Pea
Dam = Dammai
Kil = Kilajim
Schebi = Schebiit
Ter = Terumot
Maas I = Maaserot
Maas II = Maaser scheni
Chal = Challa
Orl = Orla
Bik = Bikkurim

2. Seder.

Schab = Schabbat
Erub = Erubin
Pes = Pesachim
Scheq = Scheqalim
Jom = Joma
Suk = Sukka
Beß = Beßa
R hasch = Rosch haschana
Taan = Taanit
Meg = Megilla
M qaṭ = Moëd qaṭan
Chag = Chagiga

3. Seder.

Jeb = Jebamot
Ket = Ketubot
Ned = Nedarim
Naz = Nazir
Giṭ = Giṭṭin
Soṭ = Soṭa
Qid = Qidduschin

4. Seder.

B qam = Baba qamma
B meß = Baba meßia
B bat = Baba batra
Sanh = Sanhedrin
Makk = Makkot
Schebu = Schebuot
Edu = Edujot
Ab zara = Aboda zara
Ab = Abot
Hor = Horajot

5. Seder.

Zeb = Zebachim
Men = Menachot
Chul = Chullin
Bek = Bekorot
Ar = Arakin
Tem = Temura
Ker = Keritot
Meïl = Meïla
Tam = Tamid
Midd = Middot
Qin = Qinnim

6. Seder.

Kel	= Kelim
Ohal	= Ohalot
Neg	= Negaïm
Par	= Para
Ṭeh	= Ṭeharot
Miq	= Miqwaot
Nid	= Nidda
Maksch	= Makschirin
Zab	= Zabim
Teb j	= Tebul jom
Jad	= Jadajim
Uqß	= Uqßin

2. Bibel mit Apokryphen und Pseudepigraphen.

Gen	= Genesis
Ex	= Exodus
Lev	= Leviticus
Num	= Numeri
Dtn	= Deuteronomium
Jos	= Josua
Ri	= Richter
Sam	= Samuelis
Kön	= Könige
Chron	= Chronik
Es	= Esra
Neh	= Nehemia
Jes	= Jesaja
Jer	= Jeremia
Ez	= Ezechiel
Dan	= Daniel
Hos	= Hosea
Jo	= Joel
Am	= Amos
Ob	= Obadja
Jon	= Jona
Mi	= Micha
Nah	= Nahum
Hab	= Habakuk
Zeph	= Zephanja
Hag	= Haggai
Sach	= Sacharja
Mal	= Maleachi
Ps	= Psalm
Prov	= Proverbien
Hi	= Hiob
HL	= Hohes Lied
Ru	= Ruth
Klagl	= Klagelieder
Qoh	= Qohelet
Est	= Esther
Jud	= Judith
W Sal	= Weisheit Salomos
Tob	= Tobit
Sir	= Sirach
Bar	= Baruch
Mak	= Makkabäer
St Est	= Stücke in Esther
Sus	= Susanna
Bl	= Bel zu Babel
Dr	= Drachen zu Babel
Ges	= Gesang der drei Männer im Feuerofen
As	= Gebet Asarjas
Man	= Gebet Manasses
Jub	= Jubiläen
Ps Sal	= Psalmen Salomos
Sib	= Sibyllinen
Hen	= Henoch
H Mos	= Himmelfahrt Mosis
IV Es	= IV Esra
Ap Bar	= Apokalypse Baruch
XII Patr	= Testamente der 12 Patriarchen
Od	= Oden Salomos

Mat	= Matthäus
Marc	= Marcus
Luc	= Lucas
Joh	= Johannes
Apg	= Apostelgeschichte
Röm	= Römer
Kor	= Korinthier
Gal	= Galater
Phil	= Philipper
Eph	= Ephesier
Kol	= Kolosser
Thes	= Thessalonicher
Tim	= Timotheus
Tit	= Titus
Hebr	= Hebräer
Phm	= Philemon
Jak	= Jakobus
Petr	= Petrus
Ju	= Judas
Apc	= Apokalypse
Hebr Ev	= Hebräerevangelium
Prot Jak	= Protevangelium des Jakobus
Thom	= Evangelium des Thomas
Barn	= Barnabas
Did	= Didache
Herm	= Hermas

3. Anderes.

AT	= Altes Testament
NT	= Neues Testament
MT	= Massoretischer Text
Kt	= Ketib
Qr	= Qere
J	= Jahwist
E	= Elohist
D	= Deuteronomiker
P	= Priesterkodex
Talm	= Talmud
Talm j	= „ (jerusalemisch)
Talm b	= „ (babylonisch)
Gem	= Gemara
Tos	= Tosephta
Me	= Mekilta
Spha	= Siphra
Sphe	= Siphre
Pesi	= Pesiqta
TOnq	= Targum Onqelos
T Jon	= Targum Jonatan
T jer	= Targum jeruschalmi
Meg Taan	= Megillat Taanit
Sed ol	= Seder olam
Jos ant	= Josephus, antiquitates
Jos bell j	= „ bellum Judaicum
Jos Ap	= „ contra Apionem
LXX	= Septuaginta
Gא	= „ Sinaiticus
G^A	= „ Alexandrinus
G^B	= „ Vaticanus
S	= „ Peschitto

4. Umschrift des hebräischen Alphabets.

א = — ב = b ג = g ד = d ה = h ו = w (Kons.), u (Vokal)
ז = z ח = ch ט = ṭ י = j (Kons.), i (Vokal) כ = k
ל = l מ = m נ = n ס = s ע = ʿ פ = p, nach Vokalen ph
צ = ß ק = q ר = r שׁ = sch oder š שׂ = ſ ת = t.

II. Seder: Moëd, 5. Traktat: **Joma** (Versöhnungstag), bearb. von Prof. D. Johannes Meinhold-Bonn. (IV u. 83 S.) M. 4.30, in der Subskr. M. 3.80

II. Seder: Moëd, 8. Traktat: **Rosch ha-schana** (Neujahr), bearb. von Oberlehrer Lic. Paul Fiebig-Gotha. (VII u. 127 S.) M. 6.75, in der Subskr. M. 5.90

IV. Seder: Neziqin, 1. Traktat: **Baba qamma** („Erste Pforte" des Civilrechts), bearb. von Pastor Walter Windfuhr-Hamburg. (VIII u. 96 Seiten.) M. 4.80
In der Subskription M. 4.20

IV. Seder: Neziqin, 10. Traktat: **Horajot** (Entscheidungen), bearbeitet von Pastor Walter Windfuhr-Hamburg. (V u. 35 S.) M. 2.15, in der Subskr. M. 1.90

V. Seder: Qodaschim, 10. Traktat: **Middot** (Von den Maßen des Tempels), bearbeitet von Prof. D. Oscar Holtzmann-Gießen. (VIII u. 112 S.) M. 6.—
In der Subskription M. 5.25

Als weitere Traktate werden zunächst erscheinen:

II,1. **Schabbat** (Sabbat), von Professor D. Dr. Wilhelm Nowack-Straßburg.
II,4. **Scheqalim** (Von den Sekeln), von Pfarrer Lic. Dr. O. Kramer-Gerichshain.
II,9. **Taanit** (Vom Fasten), von Gymn.-Oberlehrer Lic. Paul Fiebig-Gotha.
IV,2. **Baba meßia** („Mittlere Pforte"), von Pastor W. Windfuhr-Hamburg.
IV,8. **Aboda zara** (Götzendienst), von Prof. D. Dr. Georg Beer-Heidelberg.
V,2. **Menachot** (Von den Abend- u. Speiseopfern), von Pfr. Lic. Dr. Frankenberg.
V,9. **Tamid** (Vom täglichen Opfer), von Prof. D. Oscar Holtzmann-Gießen.

Aus Rezensionen.

Albrecht, Challa, 1913. Mit dieser Lieferung ist das Werk „auf die volle wissenschaftliche Höhe gekommen. Mit der Sprache der Mischna auf das denkbar beste vertraut, bemüht Albrecht sich, von dieser Basis aus die Erklärung in Angriff zu nehmen, und durchflicht seinen Kommentar mit grammatischen Bemerkungen und Verweisen auf seine neuhebräische Grammatik. Dadurch wird dieses Heft besonders zur ersten Einführung wie überhaupt zum Selbststudium geeignet und kann insbesondere Studenten warm empfohlen werden". H. Duensing, *Götting. Gel. Anz. 1913, 733.*

Windfuhr, Baba qamma, 1913. „Die Erklärung des zivilrechtliche Materien behandelnden Traktates Baba qamma war insofern eine schwierigere Aufgabe, als sie eine weitgehende juristische Auffassungsgabe erforderte. Windfuhr hat diese Aufgabe glänzend gelöst. Er hat sich auch in der jüdischen Literatur gut umgesehen, so daß ihm, soweit ich sehe, Wesentliches nicht entgangen ist." H. Duensing, *Götting. Gel. Anz. 1913, 734.*

Beer, Pesachim, 1912. „Glänzend, ja vielfach plastisch gearbeitet ist die der Geschichte des Passahfestes gewidmete, über die Hälfte des Bandes umfassende Einleitung . . . eine sehr interessante gelehrte Arbeit, ebenso wie die kräftige Betonung des Unterschiedes zwischen dem universal-humanitären Charakter des christlichen Abendmahls und der national-jüdischen Eigenart des Passah richtig und am Platze ist." S. 92—109.
E. Bischoff, *Theol. Literaturzeitung 1914, Sp. 200.*

Es bedarf wohl keiner weiteren Worte, daß die Zugänglichmachung der Mischna für weitere Kreise **ein sehr verdienstvolles Werk** ist. Man wird auch billigerweise nicht verlangen, daß ein solches Werk absolut vollkommen sei, ... **und doch bleibt das Ganze ein sehr brauchbares Hilfsmittel.** Mit Spannung darf man den weiteren Lieferungen des verdienstvollen Unternehmens entgegensehen. *Theologische Quartalschrift 1913, Heft 1.*

Dieses Mischnawerk ist **für Neu- und Alttestamentler, Juristen** (Rechtsgeschichte), **Folkloristen, klassische Philologen** (das Griechisch und Lateinisch der Mischna) **unentbehrlich.** Es sollte auch von allen denen studiert werden, die das Judentum besser als bisher kennen und würdigen lernen wollen. *Literarisches Zentralblatt 1912, Nr. 39.*

C. G. Röder G. m. b. H., Leipzig. 847214.

MIX
Papier | Fördert gute Waldnutzung
FSC® C083411

Kolibri 360 GmbH
Ferdinand-Jühlke-Straße 7
99095 Erfurt, Deutschland
produktsicherheit@kolibri360.de